Jinan

mit Thierry Oberlé

Ich war Sklavin des IS

Jinan

mit Thierry Oberlé

Ich war Sklavin des IS

Wie ich von Dschihadisten entführt wurde und den Albtraum meiner Gefangenschaft überlebte

Übersetzung aus dem Französischen
von Christa Trautner-Suder

mvgverlag

Bibliografische Information der Deutschen Nationalbibliothek:
Die Deutsche Nationalbibliothek verzeichnet diese Publikation in der
Deutschen Nationalbibliografie; detaillierte bibliografische Daten sind im
Internet über http://d-nb.de abrufbar.

Für Fragen und Anregungen:
info@mvg-verlag.de

1. Auflage 2016
© 2016 by mvg Verlag, ein Imprint der Münchner Verlagsgruppe GmbH
Nymphenburger Straße 86
D-80636 München
Tel.: 089 651285-0
Fax: 089 652096

© der Originalausgabe Librairie Arthème Fayard, 2015

Die französische Originalausgabe erschien 2015 bei Librairie Arthème Fayard
unter dem Titel *Esclave de Daech*.

Übersetzung: Christa Trautner-Suder
Redaktion: Caroline Kazianka
Umschlaggestaltung: Verena Frensch, München
Umschlagfoto: Alain Jocard/AFP/Getty Images
Satz: EDV-Fotosatz Huber/Verlagsservice G. Pfeifer, Germering
Druck: GGP Media GmbH, Pößneck
Printed in Germany

ISBN Print 978-3-86882-665-4
ISBN E-Book (PDF) 978-3-86415-914-5
ISBN E-Book (EPUB, Mobi) 978-3-86415-915-2

Weitere Informationen zum Verlag finden Sie unter
www.mvg-verlag.de
Beachten Sie auch unsere weiteren Verlage unter
www.muenchner-verlagsgruppe.de

Danksagung

Thierry Oberlé bedankt sich herzlich bei Saïd Mahmoud, dem Dolmetscher und Freund von Jinan, ohne den dieses Buch nicht hätte geschrieben werden können.

Der Herausgeber dankt Jinan und Saïd Mahmoud für das Vertrauen, das sie ihm entgegengebracht haben, und für ihre Geduld, als bei der Fertigstellung des Projekts einige Hindernisse zu überwinden waren.

Hinweis

Die Vornamen von Gefangenen des »Islamischen Staates«, die zum Zeitpunkt des Erscheinens dieses Buches noch in dessen Gewalt sind, sowie die Namen mehrerer irakischer Ortschaften wurden aus Sicherheitsgründen geändert.

Inhaltsverzeichnis

Ein Schakal gräbt nur Kadaver aus, er respektiert das Leben;
Der Pascha hingegen trinkt nur junges Blut!
Er trennt den Heranwachsenden von seiner Verlobten!
Verflucht sei derjenige, der zwei einander liebende Herzen trennt!
Verflucht sei der Mächtige, der kein Mitleid kennt!
Das Grab gibt uns die Toten nicht zurück, aber der höchste der
Engel wird unseren Schrei hören!

JESIDISCHES LIED

Kapitel 1
DIE TRENNUNG

*»Der IS greift an« — Die überstürzte Flucht
der Kurden — Der Beginn des Exodus —
Eine peinlich genaue Razzia — »Die Männer
nach links, die Frauen nach rechts« —
Verschleppt*

Heute Nacht hat mich wieder ein schlechter Traum heimgesucht. Gesichtslose Männer marschierten vorbei, den Säbel im Gürtel und die Kalaschnikow umgehängt. Sie zogen durchs Dorf. Es waren Tausende. Eine Truppe von Kämpfern ohne Augen, ohne Nase, ohne Lippen. Eine Schattenarmee in pechschwarzer Nacht. Sie trugen Fackeln. Die Straße war ein endloses Flammenmeer, und unsere Wohnhäuser waren Scheiterhaufen. Die gesichtslosen Männer brüllten wie Bären. Sie johlten:

»Schlachtet sie alle ab!«

Sie sind über die Schwelle unseres Hauses getreten, um mich mit einer Salve aus ihrem Schnellfeuergewehr zu erschießen.

Mit rasendem Herzklopfen wache ich auf.

Blasses Licht fällt durch die durchbrochenen Vorhänge. Ich drehe mich im Bett um, mein Geist ist durch meinen Albtraum verwirrt. Walid, mein Mann, ist seit zwei Wochen fort. Mein

Geliebter ist Maurer auf einer Baustelle in Sulaimaniyya, einer großen, von Bergen umgebenen Stadt in der Autonomen Region Kurdistan im Irak.

Aus der Küche weht der Duft von Linsensuppe herüber. Meine Schwiegermutter bereitet das Frühstück zu. Das Haus von Walids Eltern erwacht ganz friedlich. Nesrine, ihre älteste Tochter, und deren Tochter Rezan schlafen noch. Amina, die Jüngste, hat auf ihrem Handy ein Kartenspiel begonnen, als der Apparat zu vibrieren beginnt. Ihre Cousine Diana ruft aus einem Dorf an, das nicht weit von unserem entfernt liegt:

»Der IS ist ins Dorf eingezogen! Der IS greift an!«

Ich habe damit gerechnet, irgendwann überstürzt aufbrechen zu müssen. Seit mehreren Tagen hatte mich das Gefühl einer drohenden Gefahr im Griff und damit die Furcht davor, dass eine Welt zusammenbrechen würde: meine Welt. Noch nie habe ich etwas Ähnliches empfunden. Eine unabwendbare Katastrophe bedroht mich und reißt auf ihrem Weg alles mit sich fort.

Wir müssen abhauen. Khero, Walids Vater, drängt die kleine Frauengruppe, die seine Welt ist, zur Eile. Amsha, seine Frau, beklagt sich in der Küche, ich höre den Krach eines Stapels Töpfe, die zu Boden fallen. Ich ziehe den Wollteppich beiseite, der am Fuß unseres Schlafplatzes liegt, und hebe mit Kheros Hilfe die Zementplatte an. Aus dem Versteck hole ich eine Ledergeldbörse und einen Strickstrumpf, der von einer dünnen Schicht Gipsstaub bedeckt ist. Ich habe sie nach unserer Hochzeit angefertigt, um unseren Schatz darin aufzubewahren: etwa 3000 Dollar in Gold und Silber. Unser Vermögen. Khero drängt mich. »Los, beeil dich! Pack alles zusammen!«

Nesrine ärgert sich über Rezan, die quengelt. Sie kann sich nur schwer entscheiden, was sie von den Kindersachen mitnehmen soll. Rezan kann gerade erst laufen und beginnt, *dayeke* zu sagen, was in unserem kurdischen Dialekt »Mama« bedeutet. Ich helfe Nesrine, ihre Schätze in ihren Kleidern zu verstecken. Sie nimmt 5000 Dollar mit. Ihr Mann Baktiar ist auch nicht da: Er arbeitet als Hilfsarbeiter im Nordosten, in der Nähe der türkischen Grenze.

Mein Schwiegervater drängt uns zur Eile. Wir haben Vorräte eingepackt: Brot, Gemüse und Wasser. Viel Wasser, denn der Tag wird sicher brütend heiß werden. Er nimmt seine Kalaschnikow mit, die er unter den Autositz schiebt, und legt seinen Revolver ins Handschuhfach. Als ich ihn mit der Waffe in der Hand sehe, schwindet meine Angst. Ich schließe die Augen, atme tief durch und steige in den alten dunkelbraunen Opel Vectra. Als ich ohne weiter nachzudenken die Tür zuschlage, dreht sich alles in meinem Kopf. Rezan, die neben mir auf den Knien ihrer Mutter sitzt, heult. Das Kind saugt wie ein Schwamm die Angst auf und wird davon durchtränkt. »Hör endlich auf zu nerven. Beruhige dich, du musst dich jetzt zusammenreißen«, schimpft ihre Mutter.

Khero lässt den Motor an, löst die Handbremse, ändert dann seine Meinung:

»Oh Gott, ich habe die Vögel vergessen! Wartet im Auto auf mich. Ich bin sofort wieder da.«

Er läuft zur Volière und öffnet das Gitter, was lautes Gepiepse und Flügelschlagen zur Folge hat. Ein bunter Vogel verlässt seine Stange, um seinen Schnabel auf die andere Seite der Stäbe zu stecken, er zögert ein wenig, dann flattert er davon und lässt sich auf einem Stein nieder. Er ist der Einzige, der das Abenteuer wagt. Die Kanarienvögel folgen ihm nicht in die Freiheit. Jedenfalls nicht sofort. Ist jetzt wirklich der richtige Zeitpunkt, sich um sie zu sorgen?

»Macht es gut, meine Freunde«, murmelt Khero.

Die Nachbarn haben ihre Koffer auf das Dach ihres Autos geschnallt, sind aber noch nicht fertig. Daher fahren wir ohne sie los. Auf der Hauptstraße herrscht Aufruhr. Die Nachricht vom Angriff des »Islamischen Staates« hat sich im Dorf verbreitet, das am Fuß des Sindschar-Gebirges liegt. Die Dorfbewohner machen sich zu Fuß, im Auto oder zusammengedrängt auf den Ladeflächen von Kleinlastern davon. Allgemein ist Panik zu spüren. Die Ängstlichsten sind bereits fort. Die Leichtsinnigsten beeilen sich mit den letzten Vorbereitungen.

Unter den Dorfbewohnern, die es am eiligsten haben, sich davonzumachen, sind Bachir und Rojko. Gestern noch waren sie entschlossen, sich »bis zum Schluss zu verteidigen«. Das zumindest hatten sie überall herumposaunt. Sie gehören zur Wachbrigade. Sie haben sich bewaffnet, um an den nächtlichen Rundgängen teilzunehmen. Beim geringsten verdächtigen Geräusch während ihrer Rundgänge gaben sie Schüsse ab. Das hat uns keine Angst gemacht. Da sie noch unerfahren waren, haben unsere Beschützer auf gut Glück geschossen, einfach vor sich hin. Das hat sie wohl beruhigt. Uns übrigens auch. In den letzten Tagen hatten die Händler die Gitter vor ihren Geschäften herabgelassen und die Bauern sind nicht mehr auf die Felder gegangen. Jede Aktivität war erlahmt. Wir hatten überlegt, das Dorf heimlich zu räumen, aber uns war klar, dass die Flucht schwierig werden würde. Um sich dem Einfluss des IS zu entziehen, hätten wir das Sindschar-Gebirge mit seinen vertrauten Gipfeln umrunden müssen. Anschließend müssten wir auf unserer Route Rojava umfahren, den syrischen Teil Kurdistans, bevor wir den Fluss Tigris überqueren könnten, um weiter nördlich in die Region des irakischen Kurdistan in unmittelbarer Nähe der türkischen Grenze zu gelangen. Schließlich hätten wir dann Zuflucht in der Nähe der Stadt Zakho finden können, wo wir Verwandte haben. Im Ganzen eine Strecke von über 200 Kilometern. Die Peschmerga, kurdische Soldaten, haben uns davon abgeraten, eine solche Reise zu unternehmen. »Warum wollt ihr fort? Wir beschützen euch. Ihr könnt auf uns zählen. Ihr kennt unsere Tapferkeit«, rief Kekan in die Menge, der Chef der Peschmerga, die im Dorf und in der Umgebung stationiert waren. Diejenigen, die verkündeten, sie wollten trotzdem fort, mussten sich Einwände anhören.

»Ihr werdet nicht weit kommen. Die Übergänge zwischen Syrien und dem Irak sind dicht. Die Grenze ist geschlossen. Ihr könnt das Gebirge nicht umrunden.«

Also vertrauten wir lieber den Peschmerga, diesen »Männern, die den Tod nicht fürchten«, wie sie auf Kurdisch heißen. Kekan hatte einen dicken Bauch und ähnelte kaum dem Bild, das ich mir von Saladin machte, dem kurdischstämmigen Eroberer, den die arabisch-muslimische Geschichte feiert. Khero, Walids Vater, zufolge hatte Kekan sich tapfer gegen Saddam geschlagen, der die Kurden und die Jesiden hasste, aber diese Heldentaten liegen schon sehr lange zurück. Sein Ruf als Kämpfer hat jedoch ganz selbstverständlich überlebt. Er wird respektiert. Er war bei allen Kämpfen vor 25 Jahren dabei, als der Diktator aus Bagdad die Brutalität so weit getrieben hatte, die Kurden von Halabdscha, in der Nähe der iranischen Grenze, mit chemischen Waffen zu vergasen. Er war ein Haudegen unter Haudegen. Wir hätten nie gedacht, dass er in der Nacht vom 3. August türmen würde.

Kekan und seine kleine Truppe haben das Dorf kurz vor Tagesanbruch verlassen. Er hatte kurz zuvor von den jesidischen Wachposten erfahren, dass in Sindschar, dem großen Ballungsraum der Region, wo 300 000 Menschen leben, ein Angriff des IS begonnen hatte. Er hatte den Auftrag bekommen, sich zurückzuziehen. Und Kekan verließ seinen Posten. Sein Fall ist kein Einzelfall. Die christlichen Dörfer der Ninive-Ebene und der Stadt Qaraqosh erfuhren dasselbe Schicksal. Das sollte ich jedoch erst später erfahren.

Seit Monaten herrscht die Angst. Sie hat sich im Mai von Syrien aus in den Irak ausgebreitet, als die sunnitischen Aufständischen verkündeten, sie würden die Grenzen aufheben, um nur noch ein Land anzuerkennen: Mesopotamien. Wir Jesiden bezeichnen den »Islamischen Staat« im Irak und in der Levante mit seinem islamischen Namen: Daesh.

Im Juni hatte der »Islamische Staat« mühelos die Kontrolle über Mossul übernommen, die zweitgrößte Stadt im Irak mit zwei Millionen Einwohnern. Die irakische Armee hatte einfach aufgegeben. Ein identisches Szenario hatte sich in unserer Nähe, etwa 20 Kilometer entfernt, in Tal Afar abgespielt.

Als Tal Afar am 9. Juni fiel, suchten die arabischen Schiiten bei uns Zuflucht. Wir haben sie gut aufgenommen. Familien, die freie Zimmer hatten, boten sie den Flüchtlingen an. Diejenigen, die nirgendwo untergekommen waren, schliefen in der Schule. Sie erzählten uns von der Gewalttätigkeit des Daesh. Ich war entsetzt. Bei einer Hochzeit, zu der ich eingeladen war, konnte ich mit einer Flüchtlingsfrau sprechen, deren Vater, ein Musiker, nun als Nomade Flöte spielte und von seinem Sohn auf der Trommel begleitet wurde. Sie hatte Zivilisten gesehen, die einfach so ohne jeden Prozess auf offener Straße erschossen worden waren, und sie hatte versucht, eine Cousine zu trösten, die Opfer einer Vergewaltigung geworden war. »Nicht nur der IS ist hinter uns her. Auch Sunniten, Leute, die ich jeden Morgen gegrüßt habe, haben uns angegriffen, wollten uns bestehlen. Sie haben uns gedrängt, fortzugehen, um sich unseres Hab und Guts zu bemächtigen.« Die Familie des Musikers hatte alles verloren, mit Ausnahme der Flöte und der Trommel. Ich dachte mir: Wenn diese Leute schon an den Schiiten solche Gräuel begehen, müssen wir uns auf das

Schlimmste gefasst machen. Ich ahnte, dass sie mit uns noch grausamer umgehen würden. Ich hatte Angst davor, unsere Männer für die Ehre der Jesiden fallen zu sehen.

Wir sind keine Muslime wie die Schiiten und auch keine Bibeltreuen wie die Christen. Für die sunnitischen Araber des IS sind wir der Abschaum der Menschheit. Wir sind in Gefahr, denn wir, die Jesiden, sind ein Fall für sich. Unsere Religion ist eine der ältesten der Welt. Wir haben nicht auf die Juden, die Christen und die Muslime gewartet, um nur einen Gott zu haben. Unser Kalender ist 6765 Jahre alt. Schon immer wollten wir uns von Glaubenskonflikten und politischen Auseinandersetzungen fernhalten, wurden jedoch stets verfolgt und vernichtet, weil wir anders sind. Wir glauben an einen allmächtigen Gott und seine sieben Engel. Seit Jahrhunderten gelten wir jedoch als Rebellen und Heiden. Deshalb leben wir zurückgezogen am Fuß des Sindschar-Gebirges, stets bereit, seine Hänge hinaufzuklettern, um den Bränden in unseren Dörfern und der Deportation zu entkommen. Dieses Gebirge ist unsere Zitadelle.

Die Geschichte wiederholt sich. Wir sitzen in einer Falle, die sich nach und nach schließt, seit Mossul an den »Islamischen Staat« gefallen ist. Der IS steht vor unserer Tür. Er hat das Kalifat ausgerufen und Abu Bakr al-Baghdadi zum Anführer bestimmt. Ich hatte zuvor nie etwas von diesem Kalifen gehört, der von allen Muslimen verlangt, ihm den Treueeid zu schwören. Was die Ungläubigen angeht, die *kuffar*, wie er uns bezeichnet, hat er versprochen, sie zu zermalmen.

Unser Plan ist, Ardan zu erreichen, das knapp zehn Kilometer entfernte Heimatdorf meiner Schwiegermutter, das Auto dort auf einer Wiese am Fuß des Gebirges zurückzulassen, in die Berge hinaufzusteigen, einen provisorischen Unterschlupf zu finden und abzuwarten. Wenn der IS tatsächlich kommt, werden wir zu Fuß weiter Richtung Gipfel klettern, wenn er abzieht, steigen wir wieder hinunter und fahren mit dem Auto auf der Straße weiter.

Nachdem wir den ersten Gebirgsausläufer hinter uns gelassen haben, verliert sich der Weg inmitten der flachen Felsen. Der Zug bewegt sich im Gänsemarsch zwischen verkümmerten Sträuchern, einigen Maulbeerbäumen mit langen Ästen, die wie Sonnenschirme aussehen, und Feldern mit grünen und malvenfarbenen Disteln vorwärts, die die Beine zerkratzen. Die Trockenheit lässt die Grasbüschel unter unseren Füßen knirschen. Der Boden ist glühend heiß.

Hinter einer Wegbiegung taucht der Eingang zu einer Höhle auf. Mein Schwiegervater inspiziert den Unterschlupf misstrauisch, einen Stock in der Hand, um sicherzugehen, dass wir hier kein wildes Tier aufscheuchen. Vor dem Höhleneingang befindet sich ein Felsvorsprung, der über das Dorf ragt, das wir unter dem Dunst erahnen können. Das ideale Versteck! Ich breite eine Decke aus, damit wir etwas essen können.

Seit Tagesanbruch versuche ich erfolglos, Walid telefonisch zu erreichen. Die Anrufe gehen nicht durch. Das Netz ist überlastet. Die Bewohner der gesamten Region wiederholen ständig dieselben Handgriffe. Sie telefonieren pausenlos und hören alle denselben Satz, auf Arabisch oder Kurdisch: »Ihr Gesprächspartner ist nicht erreichbar, bitte versuchen Sie es später wieder.« Ich versuche, in ein anderes Netz zu wechseln. Ohne Erfolg.

Am frühen Nachmittag kommt die Verbindung endlich zustande.

»Walid! Ich bin im Gebirge oberhalb des Dorfes. Du fehlst mir so sehr. Ich weiß nicht, was aus uns werden wird.«

»Hab keine Angst. Bleib bei meiner Familie. Es wird dir nichts passieren.«

»Ich liebe dich, *rouhé men* (meine Seele).«

»Ich liebe dich, *jiana men* (mein Leben).«

Ich breche in Tränen aus. Walid versucht, mich mit sanften Worten zu beruhigen, aber er kann nichts für mich tun. Die Stadt Sulaimaniyya ist nur ein paar Autostunden entfernt, jedoch hat der Angriff des IS unsere Region vom Rest Kurdistans abgeschnitten. Nachdem ich aufgelegt habe, bin ich wie erstarrt.

Wir haben uns inzwischen im Schatten niedergelassen.

In der Ferne ist Geschrei zu hören. Laute Stimmen sind vom Tal herauf zu vernehmen, ihr Echo bricht sich an den Felswänden. Fremde stürmen über die Felsen. Wir hören ihre Schritte immer deutlicher. Ich stehe auf, bereit davonzurennen. Walids Vater macht mir ein kleines Zeichen. »Das sind flüchtende Jesiden, wie wir.« Die Frauen tragen zum Schutz vor der bleiernen Sonne Kopftücher, die Männer Turbane. Sie fragen uns, ob wir wissen, was sich unten abspielt. Sie zögern. Welchen Weg sollen sie nehmen?

»Seid willkommen in unserem bescheidenen Unterschlupf. Ich hoffe, ihr habt keine Angst vor Schlangen«, sagt Khero lächelnd zu ihnen. Er versucht zu scherzen, gibt den Gastgeber, der hohe Gäste empfängt.

»Wir fürchten nur die Schlangen des Daesh. Mit denen im Gebirge machen wir unsere Geschäfte«, erwidert ein junger jesidischer Familienvater. Seine beiden kaum fünfzehnjährigen Söhne geben sich hartgesotten. Jeder trägt einen Revolver in der Innentasche seiner Jacke, und sie nutzen die Gelegenheit, um von ihren Heldentaten als Reptilienjäger zu erzählen. Einer hat den Kopf einer gut einen Meter langen Giftschlange mit einem harten Schlag zertrümmert. Der andere hat »das honigfarbene Gift gesehen, das aus den Fangzähnen in dem Schlangenkopf lief«. »Man hätte die Flüssigkeit auffangen und damit Brote schmieren können«, geben sie stolz an. Weitere Flüchtlinge kommen vorbei, ohne stehen zu bleiben, sie haben es eilig, die Hänge des Sindschar-Gebirges zu erklimmen. Einer von ihnen ruft uns zu:

»Wir gehen nach Mazar Sharaf al-Din. Unser heiliger Ort wird von jesidischen Kämpfern geschützt. Dort haben Hunderte Familien Zuflucht gefunden. Es gibt sicheren Unterschlupf, Priester unserer Religion, Wasser und Nahrung.«

In unregelmäßigen Abständen folgen weitere Gruppen, die Bündel auf den Schultern tragen oder auch mit Schnüren zusammengebundene Koffer hinter sich herziehen. Sie wollen vorankommen. Die Männer ebnen alten Frauen und jungen Frauen in geblümten Bäuerinnenkleidern, die ihre Kinder um sich scharen, den Weg. Eine Schwangere verzieht voller Schmerz das Gesicht. Ein Mädchen heult: Sie hat erfahren, dass ihre Mutter tot ist, sie wurde von Dschihadisten in ihrem Haus getötet. Entschlossen ziehen die Jesiden auf ihrem Exodus weiter.

Wir hingegen warten. Wir bewegen uns nicht von unserem Unterschlupf und seinem Schatten fort.

Ich bin in meine Träume versunken. Denke an Walid. Ich stelle ihn mir in Sulaimaniyya vor, dieser Stadt mit eineinhalb Millionen Einwohnern, in der ich noch nie gewesen bin.

Er hat mir schon von Ankawa erzählt, einer christlichen Vorstadt, wo er beim Bau einer Villa für einen reichen Assyrer mitgearbeitet hat. Bereits als er dort war, habe ich die Tage gezählt, und er hat mir von den Backsteinkirchen mit ihren Türmen berichtet und den Glocken, die in voller Lautstärke die Gläubigen in die Messe zu rufen. Er hat mir die Cafés beschrieben, in denen junge Leute, Jungen und Mädchen, Wasserpfeife rauchen und dabei Coca-Cola oder Bier vom Fass trinken. Alkohol, der von jesidischen Angestellten serviert wird. Das konnte ich mir nicht vorstellen. Ich fragte mich, ob er da etwas übertrieb, um mich zu beeindrucken. Dieser Duft der Freiheit, den er wahrnehmen musste, machte mich gelegentlich eifersüchtig. Ich fürchtete, dass er in Ankawa, einem Vorort von Erbil, der Hauptstadt Kurdistans, einer anderen Frau begegnen könnte, einer Frau, die er irgendwo in der Nähe eines Marmorpalastes treffen würde, eines Gebäudes, wie ich sie im Fernsehen gesehen hatte.

Walid, meine Seele, meine Liebe fehlt mir.

Ein Feuer aus Eichenholz knistert vor dem Eingang zur Höhle. Zeitweise erhellt es den Himmel. Ich rolle mich auf dem Boden zu einer Kugel zusammen. Die Bäume, die Steine, der Boden verschmelzen jetzt in der Dunkelheit.

Ich muss eingeschlafen sein. Und wenn dies nun das Ende meines Volkes ist? Der 73. Völkermord, denn 72 haben wir bereits erlitten. Die Erinnerung daran wird von Generation zu Generation durch die Erzählungen unserer Vorfahren überliefert. Seit so langer Zeit tragen wir tief in uns den Schrecken dieser Tragödien. Bei meinen Großeltern, deren Großeltern und vor ihnen bei den Großeltern ihrer Großeltern sind die Spuren davon zu finden. Ich habe wie meine Vorfahren diese Angst aus der Vergangenheit in mir, die Angst vor dem Völkermord. Ich schlafe nicht. Ich höre einen Schakal in der Nähe herumstreunen. Es heißt, die Nacht bringt guten Rat. Mir nicht, dieses Mal nicht.

Im Osten zeigt sich die Morgenröte. Am Morgen dieses 4. August erhält mein Schwiegervater einen weniger alarmierenden Anruf als bisher. Einem Freund ist es gelungen, über die syrische Grenze zu kommen. Mit etwas Glück schafft man es noch und kann das Sindschar-Gebirge auf der Straße umfahren. Wäre es nicht besser, dieses Risiko einzugehen, anstatt zu warten und als letzten Ausweg zu Fuß über das Gebirge fliehen zu müssen unter einer mör-

derischen Sonne, mit unzureichenden Wasservorräten und dem
IS auf den Fersen?

Khero trifft in diesem Dilemma eine Entscheidung. Wir verlassen die Höhle und gehen zurück. Die Hälfte unserer Gefährten auf
dem Exodus, die während der Nacht hier gelagert hatten, folgt
uns, der Rest der Gruppe entscheidet sich für den Aufstieg.

Wir gehen hinunter und finden unser Auto wieder. Unsere
Karawane zählt 16 Fahrzeuge, alte Karren mit stotternden Motoren. Der Opel von Walids Vater reiht sich in den Zug ein, der langsam, mit eingeschalteten Scheinwerfern, dahinfährt und Staubwolken aufwirbelt. Ein Jeep sowjetischer Fabrikation mit Plane
klebt an unserer Stoßstange. »Das ist ein UAZ, der unverwüstliche
Vorgänger des Toyota Land Cruiser«, kommentiert Khero fach-
männisch. Sein Besitzer hat ihn von einem aus dem Iran stammen-
den schiitischen Kurden gekauft, hat Khero bei einem Schwätz-
chen mit dem Fahrer erfahren, als wegen eines überhitzten Kühlers
eine Zwangspause eingelegt werden musste. Walids Vater, der sich
für Autos begeistert, lobt die Qualitäten des Modells und seine
Robustheit, ohne jedoch seine Nervosität ablegen zu können. Wir
hören ihn reden, ohne ihm wirklich zuzuhören.

Ich versuche, Walid anzurufen. Dieses Mal komme ich durch.
Walid vergeht vor Sorge. Er überlegt, Sulaimaniyya per Taxi zu
verlassen, um nach Zakho zu fahren, in die Stadt, die wir nach
unserem Umweg über Syrien zu erreichen hoffen.

»Ich werde kommen, aber ich kann die Baustelle nicht einfach
so verlassen. Ich sehe den Chef heute und werde ihn bitten, mir
meinen Lohn zu geben, und dann komme ich. Es wird lange dauern, aber vor allem für dich ist die Reise lang, meine Geliebte.
Mach dir keine Sorgen!«

Plötzlich sind Detonationen zu hören. Reflexartig ziehe ich
den Kopf ein. Hinter unserem Konvoi tauchen Männer des IS auf.

Walids Vater kann sie im Rückspiegel sehen. Sie schießen von einem Pick-up über die Autodächer.

»Walid, ich lege auf. Sie sind da. Daesh ist da! Hilfe, Walid!«

Die Fahrzeuge mit der schwarzen Flagge überholen uns auf einer parallel führenden Piste, sie fahren in hoher Geschwindigkeit an die Spitze unserer Kolonne. Dutzende Dschihadisten stürmen den Konvoi. Sie schießen, während sie die Autos überholen. Auch wir bekommen eine Ladung aus der vollautomatischen Waffe als kostenlose Warnung ab. Obgleich sie in die Luft geschossen haben, sind wir wie gelähmt. Ein schwarzer Humvee (High Mobility Multipurpose Wheeled Vehicle) mit einem Raketenwerfer auf dem Dach überholt uns. Man könnte sagen, ein Tresor auf Rädern. Das Fahrzeug wirkt auf mich, als seien seine Insassen Außerirdische, aber ich weiß, dass sie von hier sind. Vielleicht bin ich diesem Dschihadisten schon einmal begegnet, der beim Fahren seine Türe geöffnet hat, um uns zu mustern. Ich habe ihn vielleicht bei einem Besuch in Sindschar gesehen, bevor der Aufstand der Sunniten alles mit sich gerissen hat. Damals dürfte er ein einfacher Schaulustiger in der anonymen Menge gewesen sein. Mit einem wilden Blick kratzt er sich den Bart. Er trägt eine auf halber Wadenhöhe nach oben umgeschlagene Kampfhose und hat einige Munitionsgürtel umgehängt. Auf dem Kopf sitzt eine schwarze Schirmmütze.

Als die Dschihadisten an der Spitze unseres Konvois angekommen sind, bremsen sie ab und stellen ihre Fahrzeuge quer über die Fahrbahn. Jeder Pick-up ist mit einer DSchK ausgerüstet, einem schweren Maschinengewehr, das innerhalb von Sekunden Dutzende tödlicher Patronen abschießen kann. Die Autos der Jesiden halten. Mein Schwiegervater bremst, bevor er ohne Vorwarnung wieder Gas gibt. Der Opel bricht vor den verblüfften

Kämpfern aus und fährt links in den Spurrillen vorbei. Mission erfolgreich. Beinahe zumindest. Ich sehe durch das Rückfenster, dass uns ein Pick-up verfolgt und näherkommt. Amina und Nesrine schreien: »Nein, Papa, bleib stehen!« Ein Projektil schlägt durch den Kofferraum in die Karosserie ein. Sie zielen auf die Reifen. Walids Vater muss sich seine Niederlage eingestehen, er bremst scharf ab und steigt mit erhobenen Händen aus. Ich erwarte, ihn in einem Kugelregen zusammenbrechen zu sehen, aber die Soldaten des »Islamischen Staates« haben sich anders entschieden. Sie befehlen ihm, wieder ins Auto zu steigen, umzukehren und seinen Platz in der Kolonne wieder einzunehmen. Khero gehorcht.

Die Dschihadisten ziehen uns aus dem Opel. Sie sind genauso furchterregend, wie ich sie mir vorgestellt hatte. Bei einigen ist die untere Gesichtshälfte hinter einem schwarzen Schal verborgen. Sie maskieren sich, um uns Angst einzujagen und sich vor dem Staub zu schützen, denn es ist ihnen egal, ob man sie erkennt. Ihr Akzent sagt mir, dass es arabische Sunniten aus der Region oder aus Bagdad sind. Ich sehe zuerst ihre Waffen, dann erst ihre Gesichter. Nagelneue Sturmgewehre M15, Kalaschnikows, Handgranaten, die am Gürtel hängen.

Ihr Begrüßungskomitee beschimpft uns:

»Wenn ihr noch einmal versucht, Widerstand zu leisten, dann töten wir euch«, warnt uns ein großer Typ im Drillich und deutet mit einer Handbewegung eine Enthauptung an.

Dann spuckt er aus.

»Wir bringen euch nach Rakka in Syrien, ihr Abtrünnigen, Meute von Hündinnen. *Kahba*, Schlampen, Scheißefresser.«

Vorne auf den Pick-ups weht die Fahne mit dem Siegel Mohammeds, des Propheten Allahs, und dem Glaubensbekenntnis des Islam in arabischer Kalligrafie, *la ilaha ill allah*: »Es gibt keinen

Gott außer Allah.« Werden sie uns tatsächlich, wie einer von ihnen behauptet, nach Syrien eskortieren?

Wir sind allein, ihrem Zorn machtlos ausgeliefert. Die Insassen des Konvois warten in ihren Fahrzeugen mit hochgekurbelten Scheiben. Wir sind alle wie erstarrt. Unsere Flucht endet in dieser Wüste, die zu einem Gefängnis unter freiem Himmel geworden ist. Etwa 100 Autos stehen hier. Die Dschihadisten haben Verstärkung angefordert. Ein Dutzend Männer in kurzen Hosen und Militärjacken bewacht uns. Vorsichtig ausgedrückt hassen sie uns. Ich versuche, ihren Blicken nicht zu begegnen.

Unter strenger Bewachung fahren wir weiter. Hat ein Auto eine technische Panne, lassen seine Insassen es am Straßenrand stehen und quetschen sich in die nachfolgenden Autos.

Mein Schwiegervater ist äußerst gereizt, meine Schwiegermutter jammert, Nesrines Tochter ist es zu heiß. Sie hat Durst. Wir fahren durch ein Dorf.

Ein Stück weit entfernt bemerke ich am Fuß eines Straßenschildes eine aufgedunsene Leiche. Es ist der erste Tote, den ich sehe. Und wenn mein Leben so enden wird wie das dieses Unbekannten, am Straßenrand?

Wir nähern uns einem Kontrollpunkt, an dem großer Aufruhr herrscht. Die Kämpfer befehlen uns, die Motoren abzustellen und zu den anderen Jesidenfamilien zu gehen, die sich auf einem brach liegenden Grundstück neben einem großen Elektromarkt versammelt haben. Wir müssen gut 1000 Zivilisten sein, eingekreist von diesen bewaffneten Männern. Von den Mündungen der Kalaschnikows bedroht, gehen wir in Richtung einer Art Kontrollposten.

Jeder der IS-Anhänger hält einen großen Sack in Händen, wie er für landwirtschaftliche Produkte verwendet wird. Die Männer sind jung. Jede Frage wird mit einem Faustschlag gegen die Schläfe beantwortet.

Wir geben unser Geld her und alles andere. Gold, Schmuck, Telefon, Laptop. Und alles schnell, schnell. Und wehe, es wird etwas verborgen!

Wir müssen schweigend unsere Wertgegenstände und unsere Papiere in ihre Säcke werfen: Ausweis, Mobiltelefon, Geld, Gold, Silber, Schmuck. Halsketten und Armbänder werden uns heruntergerissen.

»Hast du alles abgegeben?«, fragt mich einer der Einsammler, der Mundgeruch hat wie ein Schakal.

Ich nicke.

»Dein Glück!«

Vorsorglich habe ich, bevor ich bei ihm angekommen bin, mein vergoldetes Medaillon abgenommen, das ich um den Hals trug, habe mein Hochzeitsfoto aus dem Rahmen genommen und nah an meinem Herzen versteckt. Ich liefere die Kette mit dem Medaillon ab, ein Armband, meine Ringe, unser Gold und unser Geld. Für jedes Metall gibt es einen Sack. Ich habe unseren Schatz verloren. Sie plündern uns aus wie Banditen. Niemand denkt an Widerstand. Sie werfen die Säcke mit ihrer Beute hinten auf ihre Pick-ups. Nichts bleibt dem Zufall überlassen. Unsere Autos werden eines nach dem anderen genau durchsucht, die Waffen beschlagnahmt.

Man hat uns in der Eingangshalle des Elektromarkts versammelt, die vollgestellt ist mit Kühlschränken, Gefriertruhen, Wäschetrocknern und Kochherden. Wir sind einige Hundert Personen, die aus einem uns nicht bekannten Grund in diesem Raum zusammengepfercht wurden. Worauf warten sie? Ich stehe eingezwängt zwischen zwei Geschirrspülern. Ich meide die Enge der Gänge, in denen man sich kaum bewegen kann. Ich bin keine irakische Hausfrau, die von einem Haushaltsgerät träumt, sondern eine Ware, die bald auf einem Markt eingetauscht werden wird. Ich stehe kerzengerade. Ich bin sehr viel preiswerter als die kleinste Mikrowelle. Die Aufseher beschimpfen uns. Einer schreit: »Seit vielen Hundert Jahren sind wir hinter euch her, und da seid ihr endlich! Ihr *kafir*, ihr Abtrünnigen, ihr Atheisten! Ihr entkommt uns nicht!« Eine gefühlte Ewigkeit später befehlen sie uns ohne weitere Erklärung, wieder in unsere Autos zu steigen.

Der Konvoi setzt sich erneut in Bewegung.

»Man könnte meinen, es geht nach Syrien«, sagt Khero.

Ich schluchze, bin überzeugt davon, auf einer Reise ohne Wiederkehr zu sein. Meine Tränen wollen nicht versiegen. Meine Schwiegerfamilie jammert, nur die kleine Rezan ist erschöpft in den Armen ihrer Mutter eingeschlafen. In jedem Auto des Konvois weinen die Insassen Tränen, die beinahe so heiß sind wie die Luft. Wir bilden eine Klage-Karawane, die sich im Backofen des irakischen Sommers vorwärtsbewegt. Die Fahrt endet an einer Kreuzung, an der es in drei Richtungen geht: zum Mossul-Staudamm, an die syrische Grenze und in die Stadt Sindschar. Eine Reihe schwarzer Fahnen erhebt sich über dem Verkehrsschild Richtung Staudamm. Das muss ein Zeichen dafür sein, wie wichtig er für den IS ist.

»Endstation, alle aussteigen«, schreien die Dschihadisten.

Wir sind bisher Stoßstange an Stoßstange gefahren und versuchen nun, irgendwie am Straßenrand zu parken. Die Soldaten leiten uns an, wir drängen uns am Fuß einer Anhöhe zusammen wie eine Herde. »Die Männer gehen weiter zur Straße, die Frauen und Kinder rühren sich nicht vom Fleck«, wiederholen die Soldaten mehrmals.

»Tempo!«

Khero hat keine Wahl: Er geht weiter. Leistet jemand Widerstand, wird er zur Abschreckung verprügelt. Ein altes russisches Maschinengewehr ist vom Dach eines Geländewagens auf uns gerichtet.

Amsha, meine Schwiegermutter, fleht:

»Lasst mir meinen Mann, ich bin krank, ich brauche ihn.«

Dafür kassiert sie einen Schlag mit dem Gewehrkolben auf die Hüften. Khero hat kaum Zeit, seine beiden Töchter zu umarmen, schon wird er in die Reihe der Männer gestoßen, noch bevor er Amsha trösten kann. Er hat die Arme ausgebreitet, die Hände zum Zeichen der Empörung und des Unwillens ausgestreckt. Der Dschihadist hat sein Gewehr angelegt, bereit, ihn als abschreckendes Beispiel mit einer Salve aus seiner automatischen Waffe zu töten.

»Geh weiter und *sed halgak* (halt die Schnauze)!«

Hunderte Männer – junge Burschen, Erwachsene in der Blüte ihrer Jahre und alte Männer – ziehen auf dem Asphaltstreifen weiter, den die im Zenit stehende Sonne glühend aufgeheizt hat. Sie sind vielleicht 300. Hunderte von Frauen und Kindern sehen mit gebrochenem Herzen zu, wie sie sich entfernen. Wir sind mindestens 500.

»Sie werden sie erschießen. Man wird sie in einem Graben abschießen.«

Wir haben alle dieselbe Befürchtung, murmeln vor uns hin. Einige der verwegensten Frauen beginnen, die Anhöhe emporzusteigen, sie wollen sehen, wohin die Männer gebracht werden. Sie werden wieder zurückgeholt. Einigen gelingt es, den Gipfel zu erreichen. »Sie steigen in Busse, andere gehen zu Fuß«, erzählen sie, als sie wieder bei uns sind. Wir sind zwischen Erleichterung und Entsetzen hin- und hergerissen.

Wohin gehen sie? Das bleibt ein Geheimnis.

Den Dschihadisten sitzt der Finger locker am Abzug. Ihre Befehle werden immer wieder von Warnschüssen begleitet.

Eine neue Auswahlrunde beginnt. Sie verlesen uns sorgfältig wie Getreide und nach Kriterien, die wir sehr schnell verstehen. Auf eine Seite kommen die jungen oder reifen Frauen. Auf die andere Seite die alten Frauen, Mütter und Kinder. Ich komme zusammen mit Amina, meiner zwölfjährigen Schwägerin, in die erste Kategorie. Meine Schwiegermutter Amsha, Nesrine und Rezan in die zweite. Amina und ich nutzen den allgemeinen Trubel, um uns dem Pick-up zu nähern, auf den die Frauen mit Kindern gestiegen sind. Ein Dschihadist in Militäruniform schreit. Ich gehe weiter. Er schießt mit der Kalaschnikow vor meine Füße. Die Kugeln prallen zischend vom Boden ab. Er hat langes Haar, einen dichten Bart und dunkle Augen. Ich weiche zurück. Sobald er mir den Rücken kehrt, versuche ich wieder, mich ihnen zu nähern und renne Richtung Auto. Ich will nicht mit den Frauen aufbrechen, die als unverheiratet oder kinderlos gelten. Dieses Mal packt er mich nach kurzer Verfolgung am Arm und zieht mich zu Amina zurück.

»Wir wollen als Familie zusammenbleiben. Lass mich bei meinen Schwestern oder töte mich.«

Ich spreche Arabisch mit ihm. Er mustert mich lange, ohne zu antworten.

»Emir Abu Moussa, der Frauenkonvoi ist bereit. Wir starten, wann du willst«, unterbricht uns einer seiner Handlanger.

Er droht mit seinem Säbel: »Du und du, ihr kommt mit oder ich enthaupte euch. Eure Familie interessiert uns nicht. Sie wird freigelassen. Euch behalten wir.«

Wir folgen ihm zu einem der Kleinbusse mit den »schönen Mädchen«. Der Motor läuft, die Türen sind bereits geschlossen.

Er fährt mit zugezogenen Vorhängen los Richtung Syrien. Wir werden zu einer Gruppe Frauen und Kinder bei einem Pick-up gestoßen. Ich klettere auf die Ladefläche und reiche Amina die Hand, um ihr zu helfen.

»Abfahrt!«, ruft Abu Moussa und geht zu seinem Geländewagen.

Wir sind so zusammengepfercht, dass wir uns weder hinsetzen noch irgendwie die Beine beugen können. Ich kann mich nicht bewegen. Krämpfe überwältigen mich. Wir sind rund 40 Frauen und Kinder auf diesem Pritschenwagen. Die Mütter halten ihre Kleinen zwischen ihren Beinen. Das Gefolge aus Pick-ups und Kastenwagen wirbelt Staubwolken auf. Die Kinder bekommen keine Luft. Die Mütter heben sie gelegentlich mühsam etwas nach oben. Die Straße ist von Leichen übersät. Alles Zivilisten, sicher Jesiden, die gestern oder am Vormittag auf der Flucht getötet wurden.

»Habt ihr bemerkt, dass ein Jeside am Steuer sitzt?«, fragt eine der Frauen in die Menge.

»Mach dir bloß keine Illusionen, das ändert nichts. Das ist auch ein Gefangener, den sie als Dienstboten genommen haben. Sie haben wohl nicht genügend Fahrer«, antwortet seufzend eine alte Frau.

Die Fahrt ist überaus mühsam. Wir sind sehr eng zusammengedrängt. Die Hitze, die Schlaglöcher, der Schweiß, die Angst, alles beutelt uns.

Es scheint, als wären wir angekommen.

Wir fahren in die Stadt Sindschar ein. Auch hier liegen Leichen in getrockneten Blutlachen. Verwesungsgeruch steigt aus dem Schutt und dem Durcheinander aus Autos auf, die nur noch Schrott sind.

Die Stadt wird vom »Islamischen Staat« kontrolliert. Dessen Befehle gelten.

»Geht zum Gerichtsgebäude! Dort wird über euer Schicksal entschieden.«

Wir betreten ein zweistöckiges Gebäude, das geplündert wurde: der Sitz der DPK, der Demokratischen Partei Kurdistans, der kurdischen Bewegung. Holztische, die zum Fenster hinausgeworfen wurden, brennen noch im Hof, wo wir laut Befehl warten sollen. Hier scheint das Sammelzentrum für die jesidischen Frauen zu sein. Etwa 100 Gefangene sind bereits da. Pausenlos kommen weitere jeder Altersgruppe dazu, mit oder ohne Kinder.

Ein Bewacher bedeutet mir, mich der Gruppe anzuschließen, die hier sauber machen soll. Ich räume einen Raum auf, in dem ein Archiv untergebracht war. Die überall auf dem Boden verstreuten Seiten aus den Ordnern mischen sich mit Glasscherben. Ich darf hier also Ordnung machen.

Dann werde ich wieder in den Hof zurückgebracht.

Gegen 18 Uhr kommen Soldaten, die ich bisher nicht bemerkt hatte, um uns zu inspizieren. Aus nächster Nähe prüfen sie ihren Fang mit dem Genuss von Dieben, die ihre Beute taxieren. Sie schauen sich unsere Augen an. Sie wollen solche mit heller Iris. Sie fassen uns am Kinn, drücken auf die Kiefer, damit wir ihnen unsere Zähne zeigen. Sie betasten uns auch. Mädchen mit grünen oder blauen Augen werden von ihnen bevorzugt.

Ich spiele die geistig Zurückgebliebene, spanne meine Kiefermuskeln an, lasse mit verdrehten Augen meinen Mund offen stehen. Ein alter Trick aus meiner Kinderzeit, den ich mit meiner Freundin Dagan eingesetzt habe, um die Kleinen zu erschrecken. Die Dschihadisten drängen mich angeekelt beiseite. Ein halbes Dutzend Mädchen nehmen sie mit.

Ein dicker Bärtiger in einem roten *Kameez* mit Dreiviertelhose tobt sich aus, indem er Schimpfkanonaden ausstößt. Er brüllt ohne Ende.

Dieselben Kerle kommen später in der Nacht wieder, um sechs Männer zu holen, die in einer Abstellkammer eingesperrt waren. Die Gefangenen tragen Handschellen, die Hände liegen auf dem Rücken, ihre Augen sind verbunden, die Köpfe sind gesenkt.

Gegen 23 Uhr wird uns in Blechschüsseln Reis gebracht, der nicht fertig gegart ist. Dazu bekommen wir Brotfladen, die so hart sind wie Backstein. Ich habe seit Tagesanbruch nichts gegessen, aber den Reis bekomme ich trotzdem nicht hinunter. Die Luft kühlt etwas ab. Ein bartloser Jugendlicher von etwa 15 Jahren besprengt mit einem Gartenschlauch den Boden. Dabei drängt er die Gefangenen beiseite. Auf der harten Erde bleibt das Wasser stehen. Er amüsiert sich. »So ist es gut! Da könnt ihr jetzt schlafen.«

Ich setze mich in eine Pfütze. Der Boden wird irgendwann trocknen. Ich zittere vor Angst.

Kapitel 2
EINE JESIDISCHE KINDHEIT

*Am Fuß des Dschebel Sindschar — In der Schule
bei Herrn Choukri — Eine Hochzeit mit
Hindernissen — Ein weißes Spitzenkleid —
Mabrouk, Glückwunsch*

Soweit das Wissen meiner Vorfahren zurückreicht, haben unsere Urahnen immer im Sindschar-Gebirge gelebt oder besser gesagt im »Shingal«, wie es auf Kurdisch heißt, in den kahlen Talmulden oder auf der Ebene, die das Gebirge umgeben. Der Legende nach stieß die Arche Noah an unseren Berggipfel, als sie auf den Fluten trieb, um der Sintflut zu entkommen. Durch den Aufprall bekam der Schiffsrumpf ein Leck. Noah und seine Tiere wurden durch eine Schlange vor einem Schiffbruch gerettet. Denn das Reptil rollte sich in dem entstandenen Loch zusammen und verstopfte es. So konnte die Arche nach Djezireh weiterfahren.

Ich wurde am 7. Januar 1996 am Fuß unseres heiligen Berges, in dieser schwierigen Region an der Grenze zwischen dem Irak und Syrien geboren.

In meinen ersten Erinnerungen sehe ich Jalal, meinem Vater, bei der Feldarbeit zu. Seine Welt ist ein kleines Stück Land, auf dem Tomaten, Auberginen, Wassermelonen, Honigmelonen und Sonnenblumen angebaut werden. Er wechselt es regelmäßig. Denn Papa ist ein nichtsesshafter Bauer. Er pachtet von einem Eigentümer jeweils für ein Jahr einen Acker.

Ich sehe ihn wieder vor mir in seiner Pluderhose und seiner hohen, dunkelbraunen Filzmütze, wie er sich schwitzend abrackert mit Kortié an seiner Seite, meiner Mutter, die ein weißes Kleid trägt. Mama ist so sanft wie unauffällig. In ihrer trotz der Arbeit makellos sauberen Kleidung gleicht sie einem Engel.

Auf dem Land um das Sindschar-Gebirge achtet die ältere Generation die Traditionen. Die Männer ziehen seit Jahrhunderten lange Hemden mit weitem Halsausschnitt oder eine Tunika mit breitem Gürtel an, während die weiß gekleideten Frauen ihren Kopf mit einem Turban vor der Sonne schützen. Die Jungen hingegen tragen Jeans und Sweatshirts wie alle Kurden ihres Alters.

Meine Eltern sind knapp 18 Jahre alt, als sie heiraten. Ein Jahr später komme ich als erstes von fünf Kindern zur Welt. Papa arbeitet bei Rabia, einer arabischen Grenzstadt zu Syrien, die von den Schammar beherrscht wird, einem mächtigen sunnitischen Beduinenstamm, dessen Scheichs unsere Gemeinschaft respektieren.

Wir leben nach dem Rhythmus der Jahreszeiten. Während der heißen Zeit, von April bis November, lassen wir uns in der Nähe der syrischen Grenze nieder, dann kehren wir von Dezember bis März in meinen Geburtsort Navdashte zurück. Wir besitzen zwei Ziegen, sechs Enten, zehn Hühner und einen Hund. Donnerstags und samstags mietet Papa einen Wagen, um auf die Märkte zu fahren. Ich darf ihn nicht begleiten. Er behauptet, ich sei noch zu klein. Est später, während meiner Jugendjahre, wechselt mein

Vater seinen Beruf. Etwa 2010 verpflichtet er sich in der irakischen Armee. Damals hieß sie »Malikis Armee«, nach dem starken Mann dieser Zeit, dem schiitischen Ministerpräsidenten.

Könnte ich nur diese Augenblicke des Glücks und der Unschuld an diesen paradiesischen Orten meiner Kindheit noch einmal erleben. Als kleines Mädchen renne ich hinter den Enten her, die frei herumlaufen. Ich bin drei Jahre alt, meine Schwester Hanan ist gerade auf die Welt gekommen. Ich erinnere mich an ihr erstes Lachen und ihr erstes Weinen. Ich bin davon überzeugt, dass sie aus dem Brunnen hinten im Garten gekommen ist. Sie kann nur aus diesem tiefen und geheimnisvollen Schlund stammen, der in die Eingeweide der Erde führt. Ich habe bereits einen Bruder, Sirwan, der ein Jahr jünger ist als ich. Ich bekomme noch einen zweiten Bruder, Guelmehate, er ist sieben Jahre jünger als ich und schließlich kommt als letzte Arwan, die vor drei Jahren geboren wurde. Hanan ist meine Lieblingsschwester. Ich passe auf sie auf, als sei ich ihre Mutter, was ganz einfach ist, weil sie mir überall hin folgt. Hanan trägt denselben Vornamen wie meine kleine Puppe mit blonden Locken. Wenn es nicht doch eher umgekehrt ist.

Als ich klein bin, nimmt mich Mama auf ihren Schultern mit aufs Feld, damit ich im Sonnenblumenbeet spielen kann. Vorsichtig gleite ich zwischen die Pflanzen, um ihre dicken Stängel keinesfalls abzubrechen. Über meinem Kopf bilden die riesigen Blüten eine Art Dach. Im Schatten dieser Sonnenblumen ist es so angenehm. Mein Vater sagt, dass diese Blumen äußerst widerstandsfähig sind. Ist die Pflanze jung, wächst sie sehr schnell dem Himmel entgegen, um sich der Sonne darzubieten. Wird sie zu schwer, neigt sich ihr Kopf zum Boden, sie vertrocknet und verliert ihre Kerne.

Bis ich sieben Jahre alt bin, wohnen wir in unserem Dorf in einem »Schloss«, dem Haus meiner Großeltern. Bei uns gilt ein geräumiges Wohnhaus aus Stein und Beton als Schloss und unterscheidet sich von den heruntergekommenen Strohlehmhäusern, in denen die meisten Bewohner des Bezirks leben. Unser Haus hat zwei Gärten und nicht weniger als zwölf Zimmer. Mit meinen Eltern und meinen Onkeln residieren wir Kinder in diesem Haus, das mir wie ein Palast erscheint. Später ziehen wir in unser Haus in einer Parallelstraße um.

Vom Flachdach unserer neuen Backsteinbehausung überblicken wir die Terrassen der Häuser in der Hauptstraße. Mein Dorf ist für mich etwas ganz Wunderbares. Niemals hätte ich mir vorstellen können, dass es eines Tages von wilden, blutrünstigen Mördern besetzt sein würde, von Fanatikern, die aus der Vergangenheit aufgetaucht sind. Selbst in meinen schlimmsten Albträumen hätte ich mir nie vorstellen können, dass ich eines Tages eine Gefangene des IS sein würde.

In Navdashte schlafe ich jede Nacht in den Armen meiner Mama ein. Die Tage vergehen im Rhythmus meiner gleich bleibenden Aufgaben im Haushalt. Ich stehe um acht Uhr auf, wenn ich nicht noch etwas im Bett herumtrödle. Dann frühstücke ich, mache den Käfig der Kanarienvögel sauber, spüle ab und bereite mit dem Gemüse, das wir anbauen, die Mahlzeiten für den Tag vor. Fleisch ist ein Luxus, der den Feiertagen vorbehalten ist. Morgens essen wir Rühreier und Joghurt und im Winter Linsensuppe. Mittags gibt es Reis, Weinblätter, Saubohnen und grüne Bohnen und abends Tomaten, Auberginen und Kartoffeln.

Nachmittags kommt meine Nachbarin und Freundin zum Spielen zu mir oder ich sause zu meinen Großeltern. Ich bin unbestritten Großmutters Lieblingsenkelin. Zumindest sagt sie mir das. »Du bist unser Liebling, und das wirst du immer sein, auch wenn deine Eltern 100 Kinder bekommen. Wenn du Sorgen hast, steht dir dieses Haus immer offen«, flüstert sie mir nach jeder neuen Geburt lächelnd zu. Sie verwöhnt mich, liebkost mich, schenkt mir Kuchen und Süßigkeiten, die sie bei Baktiar kauft, dem Krämer.

Schon als ich noch ganz klein war, sagte ich zu meinem Vater: »Papa, ich will in die Schule gehen.«

»Du wirst zur Schule gehen, aber erst musst du noch wachsen. Sei nicht ungeduldig«, antwortete er.

Mit sieben Jahren ziehe ich endlich meinen Schulkittel an und packe meine Schultasche. Es ist der 1. Oktober, der erste Tag des Schuljahrs. Mein Vater hält mich an der Hand. Wir laufen durch die Straßen des Ortes. Er wirkt genauso stolz wie ich. Die Schule ist in der Zitadelle untergebracht, im ältesten Viertel. Die Kinder stehen brav in Reih und Glied auf dem Hof und warten auf die Lehrer. Es sind so viele. Ich habe noch nie so viele auf einmal gesehen.

Mein Direktor, Herr Dosto Choukri, ist ein freundlicher Mann, der seine Güte hinter einem strengen Auftreten verbirgt. Ursprünglich war er ein jesidischer Mathematikprofessor, bevor er den Posten eines Schullehrers übernommen hat. Herr Choukri bringt mir das Rechnen bei und hilft mir, logisch zu denken. Ich bin eine gute Schülerin, ganz im Gegensatz zu Lalisch. Meine Freundin tut sich schwer, dem Unterricht zu folgen. Abends helfe ich ihr bei den Hausaufgaben. In der Pause tanzen wir im Kreis oder spielen Fangen.

An unseren Schulen waren die Lehrkräfte lange Zeit Araber, ausschließlich Araber. »Jesidische Professoren wie ich sind die Ausnahme, denn unser Volk ist nicht sehr gebildet«, erklärt Herr Choukri. Er sagt, dass Bildung eine offene Türe zum Wissen ist. Sie ermöglicht es, unsere Gemeinschaft aus der Unwissenheit und der Armut zu befreien.

Wie er sagt, mussten wir erst die Unabhängigkeit vom Irak abwarten, bis sich die Türen der Grundschulen auch für die jesidischen Kinder öffneten. Die irakische Regierung schloss diese Türen dann in einem Wutanfall wieder, als Strafe für einen Aufstand der regionalen Volksstämme gegen den Militärdienst. Dann war es Saddam Hussein, der etwas gegen die Jesiden hatte ... Zwischenzeitlich hatten es einige jedoch geschafft zu studieren. Viele entschieden sich für das Exil. Im Dorf war bekannt, dass eine Familie nach Deutschland gegangen war und dass sich ein Sohn aus dem Nachbardorf sogar in den Vereinigten Staaten niedergelassen hatte.

Herr Choukri erinnert uns auch daran, dass vor dem Sturz Saddams 2003 die Jesiden in unseren Schulbüchern nicht einmal erwähnt wurden. Die Bücher sprachen von alten Zivilisationen, von der Geschichte der Araber und von ihren Kalifen, von uns jedoch kein Wort. Es war, als gehöre unser Volk nicht auf diese Erde. Das war nicht in Ordnung. Kein Wort über unsere Religion, unsere Geschichte, unsere Fürsten. Keine Zeile über die vielen Massaker, deren Opfer wir geworden waren, verübt im Namen des Gesetzes des Stärkeren.

Heute haben wir in Kurdistan Ingenieure, Wissenschaftler, Professoren, auch wenn diese nicht sehr zahlreich sind. Unsere Großeltern und unsere Eltern haben uns nicht zum Studieren gedrängt. Sie reagierten darauf, wie es ihrer Generation entsprach.

Dank der Schule spreche ich Arabisch, es ist nach meiner Muttersprache Kurdisch meine zweite Sprache. Im Innersten fühle ich mich in erster Linie als Jesidin, dann als Kurdin und dann erst als Irakerin, meiner im Ausweis angegebenen Nationalität.

Ich habe gelernt, bis ich 14 Jahre alt war. Kein Jahr länger. Dann will mein Vater nichts mehr davon hören, dass ich weiter zur Schule gehen könnte. Ich versuche, ihn zu überzeugen, habe aber den Eindruck, dass er meinen Wissensdurst für eine kindliche Laune hält.

»Du hast im Gegensatz zu vielen Mädchen vom Land das Glück gehabt, viele Jahre zur Schule gehen zu können. Du bist gebildeter als der Durchschnitt der jungen Leute deines Alters. Du bist jetzt groß, damit musst du dich abfinden«, erklärt er mir.

»Aber, Papa, ich liebe die Schule ...«

Er unterbricht mich. Die Diskussion ist beendet.

Meine Mutter sagt nichts, aber sie denkt nicht anders darüber. Bei uns entscheidet der Mann über die Zukunft seiner Kinder, und ich bin nur ein Mädchen. Mama bemüht sich, aus mir eine gute Hausfrau zu machen.

»Du musst perfekt sein, sonst wirst du von deiner Schwiegerfamilie kritisiert, wenn du verheiratet bist. Du musst alles können, kochen, Geschirr spülen, abstauben, aufräumen, Wäsche waschen, bügeln, nähen« ... und was weiß ich noch alles.

»Wenn du deinen Haushalt gut führst, vermeidest du das Gerede der Nachbarn, die sonst über dich herziehen, sobald du ihnen den Rücken zuwendest«, sagt Mama.

Sie hat mir ein kleines Handwerk beigebracht: das Sticken von Halsbändern. Ich stelle billigen Schmuck her. Ich besorge mir das Material im Kurzwarenladen des Dorfes und produziere auf Bestellung aus der Umgebung. Meine Spezialität sind Armbänder, die mit dem gewünschten Vornamen bestickt werden.

Ich bin 15 Jahre alt, als ich Walid auf einer Hochzeitsfeier begegne. Die Jugendlichen haben ihre schönsten Kleider herausgeholt. Einige meiner Freundinnen haben sich geschminkt. Solche Feste sind eine wunderbare Gelegenheit, jemanden zu bezirzen. Die Burschen stolzieren herum, sie strecken die Brust heraus, ziehen sich gegenseitig auf und geben an. Die Mädchen stellen sich mit wehendem Haar zur Schau, tragen eng anliegende Hosen und Korsagen. Walid macht mir den Hof. Er ist nicht aus unserem

Dorf. Er rührt mich durch seine Unbeholfenheit. Meine jüngere Schwester Hanan kichert und macht sich freundlich über ihn lustig. Mehrere Monate lang treffen wir uns unter den schlichtesten Vorwänden. Er findet heraus, wann ich im Dorf unterwegs bin, um mir dann jedes Mal »zufällig« zu begegnen und sich mit mir zu unterhalten.

Eines Tages verletzt er sich beim Fußball am Bein. Mein Großvater, der bei dem Spiel zugeschaut hat, bringt ihn zu einem Heilkundigen, dann schauen beide bei uns zu Hause vorbei. Überrascht, mich zu sehen, strahlt er. »Für so ein Lächeln lohnt sich die Verstauchung«, scherzt mein Großvater. Walid gewöhnt es sich an, in der Nähe unseres »Schlosses« umherzustreichen, um hereingebeten zu werden. Ich bin jetzt 16 Jahre alt, ein Alter, in dem eine Heirat Thema wird.

Irgendwann gesteht er mir seine Liebe und schenkt mir als Zeichen seiner Verbundenheit heimlich ein graues Handy der Marke Ericsson. Er bringt es mir an einem brütend heißen Nachmittag. Meine Mutter weist ihn wie üblich barsch an der Tür ab:

»Geh weg! Du bist hier nicht willkommen! Du hast bei uns nichts verloren!«

»Ich gehe sofort wieder, aber geben Sie mir nur ein bisschen Wasser! Bitte, es ist so heiß!«

Ich laufe nach hinten in den Hof, um ihm etwas Wasser aus dem Brunnen zu holen. Er nimmt den Becher mit der rechten Hand und lässt mit der linken Hand das Handy in meine Hand gleiten, dann geht er, ohne etwas zu sagen.

Das Handy wird zur unsichtbaren Verbindung unserer Leidenschaft. In der ersten Nacht sagt er mir »Ich liebe dich«, in der zweiten »Ich bete dich an«. Unser täglicher Austausch ist für ein Uhr morgens verabredet. Ich kann kein Auge schließen. Immer wieder spähe ich auf das Display des Handys, dessen Klingeln ich abgestellt habe. Hanan liegt auf der Lauer, bereit, mich bei einer verdächtigen Bewegung oder wenn die Eltern auftauchen, zu warnen. Wir tauschen uns in Zeichensprache aus.

Zwei Jahre und fünf Monate lang habe ich jeweils eine Stunde pro Nacht mit Walid diesen Liebesdialog geführt. Das ist uns gelungen, ohne dass ich ihn jemals verpasst hätte oder von meinen Eltern ertappt worden wäre, was ich auch Hanan zu verdanken habe, meiner Vertrauten. Meine Schwester kennt die verschlungenen Wege meines Liebesabenteuers bis ins kleinste Detail. Ich habe ihr meine Gefühle anvertraut. Mein erster Kuss blieb für sie kein Geheimnis. Sie könnte erzählen, wird es jedoch nicht tun, dass Walid mir die Hand gegeben und seine Finger mit meinen verschlungen hat, dass wir einen Moment nur so da standen, dass er mich an sich gedrückt hat, um mich zu beruhigen, als ich nervös war und gehen wollte, dass er meine Lippen gestreift und mich auf den Mund geküsst hat, während er »ruhig« gewispert hat.

Er hat mir einen Liebesbrief geschickt, den er einer seiner Schwestern diktiert hat, weil das Schreiben nicht seine Stärke ist. Hier ist er:

»Guten Tag, Jinan,

ich hoffe, dass es dir gut geht und dass du bei guter Gesundheit bist.

Als du in unser Dorf gekommen bist, hast du zu mir gesagt: ›Ich liebe dich.‹ Das war für mich wie ein Traum. Ich habe mich gefragt, ob ich nicht ein Opfer meiner Fantasie geworden bin. Auf diesen Tag habe ich schon so lange gewartet. Ich möchte sicher sein, dass deine Gefühle echt sind.

Auch ich liebe dich und werde dich immer lieben.

Ich suche eine Liebe, die auch im Alltag aufrichtig ist, eine Liebe, bei der man den anderen nicht stört, eine Liebe ohne Verrat, eine Liebe fürs Leben.

Ungeduldig erwarte ich deine Antwort. Wenn wir uns das nächste Mal begegnen, bitte ich dich, direkt auf mich zuzukommen und mir, sogar ohne dir die Zeit für eine Begrüßung zu nehmen, zu sagen, was du für mich empfindest. Wenn deine Gefühle dieselben sind wie meine, werden wir unser ganzes Leben lang glücklich sein. Ich möchte sicher sein, dass du mich liebst und dass du mich annehmen wirst.

Ich hoffe, dir wird dieser Brief gefallen.

Dein Walid.«

Walid kann beruhigt sein. Ich liebe seinen Brief, den ich in einem Koffer unter einem Stapel Kleider verstecke. Würden meine Eltern ihn entdecken, wären sie furchtbar wütend. Ich weiß, dass sie grundsätzlich gegen eine Ehe mit Walid sind.

Denn meine Familie schwimmt nicht im Geld und meine Eltern möchten eine bessere Partie für mich finden.

Walid ist Bauarbeiter. Er klappert in den großen kurdischen Städten, die dank des Erdöls einen Bauboom erleben, alle Baustellen ab, um nach Arbeit zu fragen. Er kann einen Tag Hilfsarbeiter, eine Woche Maurer und einen Monat arbeitslos sein.

Bei den Jesiden ist die Hochzeit, wie alle wichtigen Ereignisse des Lebens, eine Familienangelegenheit, aber auch eine Frage der gesellschaftlichen Stellung und des Stolzes. Bei den großen Stämmen, zu denen wir nicht gehören, kann dadurch die Macht der Sippe gestärkt werden. Die einfachen Leute haben keine große Familie, aber die Regeln sind ungefähr dieselben. Beispielsweise dürfen wir niemanden heiraten, der nicht unserer Gemeinschaft angehört. Weil sie gegen dieses Tabu verstoßen hatte, wurde im

April 2007 die siebzehnjährige Doua von Mitgliedern ihrer Familie gesteinigt, darunter von ihrem eigenen Vater, der gegen ihre Verbindung mit einem Sunniten war. Sie wurde ermordet, einfach nur, weil sie geliebt hat. Diese Lynchjustiz wurde mit einem Handy gefilmt, und die Aufnahme verbreitete sich im Internet und wurde von mehreren Fernsehsendern gezeigt. Die Jesiden legen großen Wert auf die Ehre, ich weiß das sehr genau.

Mein Vater meint, meine Zukunft bereits besiegelt zu haben: Er hat mich nicht für Walid bestimmt, sondern für einen meiner entfernten Cousins. Meine Mutter findet sich mit seiner Wahl ab. Schließlich werden so viele Verbindungen von den Eltern vorgeschlagen, falls nötig arrangiert und befohlen, wenn sich Widerstand regt. Hussein, eine lange Bohnenstange von 27 Jahren, ist Soldat in der irakischen Armee. Sein Vater ist Mitte der 1980er-Jahre wie Hunderttausende weitere irakische Soldaten in den Schützengräben während des schrecklichen Krieges zwischen dem Irak Saddams und dem Iran von Ayatollah Khomeini gestorben.

Hussein ist Soldat wie mein Vater, seit dieser seinen Beruf gewechselt hat. Vor allem jedoch ist er eine vernünftige Wahl wegen der Pension, die er als Sohn eines *chahîd*, eines Märtyrers, erhält.

Ich habe durch Hanan von dem Plan erfahren. Sie ist meine »Spionin«, die unauffällig die Ohren spitzt, wenn Papa und Mama sich vertraulich unterhalten. Nachdem sie wie eine Furie ins Zimmer gestürmt ist, schlüpft sie völlig verstört neben mir unter die Bettdecke. Ihre Stimme zittert, wird von ihren Gefühlen erstickt. Sie stammelt: »Hu..., Hu..., Hussein, unser Cousin Hussein, die Eltern wollen dich mit Hussein verheiraten. Sie meinen es ernst!«

Ich bin bestürzt.

»Hussein? Ich habe nichts mit Hussein zu schaffen. Ich liebe ihn nicht. Er ist nichts für mich.«

»Papa sagt, wenn man dich machen lassen würde, was dir gut erscheint, würdest du am Ende noch einen Tamburinspieler heiraten«, fährt Hanan fort. »Die Heirat ist heimlich arrangiert worden, als Husseins Mutter zu einem Höflichkeitsbesuch hier war. Sie hat unseren Eltern das Ganze vorgeschlagen: ›Mein Hussein braucht eine Ehefrau. Ich fände es gut, wenn sich unsere Familien näher kommen.‹ Papa sagt, Hussein ist ein anständiger Junge ohne irgendwelche Geschichten. Wir kennen ihn und seine Familie. ›Das sind ehrenwerte Cousins‹, hat Papa gemeint.«

»Wie können sie mir so etwas antun? Meine eigenen Eltern! Mir, Jinan, ihrer Tochter!«

Unerschrocken verwandelt sich die Botin Hanan nun in die Beraterin Hanan. Sie ermutigt mich, meinen Gefühlen zu folgen, und lobt Walid als »einen freundlichen, zuvorkommenden und aufmerksamen jungen Mann«. »Er liebt dich wie niemand sonst. Er ist der Erwählte deines Herzens, behalte ihn! Einen Besseren findest du nicht!«

In den Tagen, die auf die Enthüllung folgen, zeige ich nichts von meiner Verstörtheit. Die Machtprobe beginnt im Stillen, aber ich bin entschlossen, ihre Pläne zu durchkreuzen. Ich weigere mich, für die Interessen der Erwachsenen geopfert zu werden. Ich bin bereit, Husseins Avancen so oft zurückzuweisen, wie es nötig sein wird.

Seine Mutter eröffnet den Kampf. Sie besteht hartnäckig darauf, mich ein paar Tage zu sich einzuladen, wenn ihr Sohn das nächste Mal Urlaub hat. Angesichts meiner vehementen Proteste stoßen Papa und Mama Ensetzensrufe aus. Walid, der normalerweise immer gelassen ist, explodiert. Er fleht mich an, nicht zu gehorchen. Ich erkläre ihm, dass ich unmöglich eine Familieneinladung ablehnen kann, verspreche ihm jedoch, hart zu bleiben. Während meines Aufenthalts bei der Familie lassen mich die Liebenswürdigkeiten von Hussein gleichgültig. Ich bin höflich, aber kalt wie Marmor. Am Abend des fünften Tages kreuzt Walid auf. Er klopft wie verrückt an die Tür. Hussein öffnet.

»Was willst du?«

»Ich will sie sprechen«, knurrt Walid.

»Das kommt nicht infrage, verschwinde!«

»Ich bin gekommen, um dir zu sagen, dass sie nichts von dir will: Du in-te-re-ssierst sie nicht.«

»Hau ab!«, schreit Hussein und stößt meinen Liebsten zurück.

Schnell entsteht ein Handgemenge. Ich ziehe Walid am Arm fort, während Husseins Mutter mich beiseitestößt, um mich daran zu hindern, mich in den Streit einzumischen.

»Wenn du heute Abend nicht zu deinen Eltern zurückgehst und mich anrufst, um mir zu sagen, dass du wieder da bist, ist zwischen uns alles aus«, wettert Walid, bevor er eine Flut von Beschimpfungen in Husseins Richtung loslässt und geht.

Aus heutiger Sicht hat die Szene etwas Komisches. Sie könnte aus einer Folge von *Tom und Jerry* stammen, meinen Lieblings-Zeichentrickfiguren, mit Walid in der Rolle von Jerry, der kleinen braunen Maus mit der für ihre Größe erstaunlichen Kraft. An diesem Abend jedoch ist das Ganze für mich ein Drama.

Die Nachbarn, die sich die Nasen an den Fenstern platt gedrückt haben, haben nichts von dem Schauspiel verpasst. Meine Heimkehr am nächsten Tag ist vom Hauch eines Skandals umgeben. Mein Vater zwingt mich, Walid anzurufen, um ihm unsere Trennung zu verkünden. Ich beuge mich. Walid ist verletzt und schwört, dass zwischen uns alles aus ist. Er will mich nicht mehr sehen. Nie mehr!

Bei der Hochzeit einer gemeinsamen Bekannten treffen wir uns dennoch zufällig wieder. Er wimmelt mich ab. Zwei Monate vergehen. Schließlich gestehe ich ihm am Telefon, dass mein Vater mich gezwungen hat, ihm zu sagen, dass ich nichts mehr von ihm wissen will. Ich gestehe ihm: »Ich liebe dich.« Er hat nur darauf gewartet. Zum großen Leidwesen meiner Eltern versöhnen wir uns. Sie sind ebenso stur wie ich.

Walid seinerseits hat einen Plan. »Hussein ist eine Mauer zwischen uns: Wir müssen handeln«, verrät er mir am Telefon geheimnisvoll.

An einem Donnerstag entführt er mich. Ich klettere über die Dachterrasse, nur mit meinem Handy und ein paar Sachen in einer Tasche. Er erwartet mich an eine Mauer gelehnt an der Straßenecke.

»Ich musste dich warten lassen. Meine Eltern sind nicht früher eingeschlafen …«

Wir verschwinden in der Dunkelheit. In der Nacht hält er bei Merza, seinem Cousin und besten Freund, um meine Hand an.

»Willst du meine Frau werden?«

Er hat die Zauberworte gesprochen. Ich juble.

Meine Mutter entdeckt frühmorgens mein leeres Bett.

»Sie ist mit dem abgehauen, den sie liebt! Sicher hat Walid sie entführt. Was sollen wir nur tun?«

Sie setzt sich und beginnt zu weinen.

Meine Schwester Hanan taucht ein paar Tage später bei Merza auf.

Ich necke sie:

»Schicken dich die Eltern oder kommst du heimlich?«

»Ich bin inkognito da«, lächelt sie und legt einen Finger auf den Mund.

Wir lachen, ein fröhliches und kindisches Lachen. Wieder ernst geworden, verkünde ich ihr unseren Entschluss, zu heiraten:

»Wir haben genug davon, uns verstecken zu müssen. Ich will einen Hausstand gründen. Das Datum steht fest: Ich heirate in zwei Wochen.«

»Dieses Mal wird Papa sich wirklich aufregen«, prophezeit Hanan. »Er wird einige Zeit brauchen, um sich zu beruhigen. Die Eltern haben mit dir gebrochen, aber ich glaube nicht, dass das Zerwürfnis endgültig ist. Du kennst sie, Jinan. Papa hat es nicht ertragen, dass du zu ihm Nein gesagt hast. Er hat sich geärgert und kann das nicht so schnell zurücknehmen, vor allem bei den Plänen, die du hast.«

Eine echte Diplomatin, meine kleine Schwester. Die Rolle des Unterhändlers wird jedoch Merza übertragen, dem Cousin von Walid. Er ist unser Zeremonienmeister und muss in dieser Funktion die Feierlichkeiten organisieren. Wie es der Brauch will, wohnen wir bis zum Tag X bei ihm. Das bietet die Gelegenheit, das gemeinsame Leben ohne Eltern zu entdecken. Ich schminke mich, um meinem künftigen Ehemann zu gefallen. Abends plaudern Walid und Merza bei einem türkischen Bier im Hof. Walid hat ihn aus Freundschaft, aber auch aus taktischen Erwägungen heraus ausgesucht. Denn Merza wohnt direkt gegenüber von Hussein. Walid bietet seinem Rivalen damit die Stirn, um seinen Vorteil auszuspielen. Zum Glück verhält Hussein sich unauffällig und zeigt sich während unseres Aufenthalts in seiner Nachbarschaft nicht.

Mit Papa hingegen ist die Situation angespannt. Merza hat die schwere Aufgabe, ihn am Telefon zu informieren. Seine Reaktion ist heftig. Er schäumt vor Wut.

»Ich habe dich nicht so erzogen, dass du deinen Vater und deine Familie nicht respektierst. Walid verdient dich nicht. Was soll mit diesem Nichtsnutz aus dir werden? Er kann dir keine schöne Zukunft bieten. Verzichte auf ihn. Ich befehle dir zu gehorchen. Wir werden dich mit Hussein verloben. Wenn du nicht zurückkommst, wirst du nie mehr über die Schwelle unseres Hauses treten.«

Er entlädt seine Wut am Telefon. Eine Flut harter und verletzender Worte. Es gelingt mir nicht, ihn zu beruhigen. Er droht damit, hierherzukommen und alles kurz und klein zu schlagen.

»Gib mir Walid!«

Er beschimpft ihn und hängt dann wütend ein.

Meine Mutter schickt ihrerseits auch eine Botin, Lalisch, meine frühere Schulkameradin und Nachbarin. Meine Eltern fordern mich auf, wieder eine brave und gehorsame Tochter zu werden. Wenn ich nicht nachgebe, werden mein Vater und einige Onkel das Haus stürmen und mich gewaltsam holen. Merza bittet uns nun, nicht mehr ans Telefon zu gehen, um Auseinandersetzungen zu vermeiden, und verständigt Verwandte, sich bereitzuhalten, um einzugreifen, falls Papa auftauchen und handgreiflich werden sollte. Aber es bleibt bei den verbalen Drohungen.

Um des lieben Friedens willen gibt Papa schließlich nach. Ohne viele Worte akzeptiert er Merzas Vermittlung. Das Brautgeld wird auf 3000 Dollar festgesetzt. Walids Eltern sind erleichtert über die Einigung. Die Summe wird vom Vater meines künftigen Ehemanns und von Merza aufgebracht. Während dieser Zeit verbrennt Papa in Navdashte meine Kleidung, meine Kinderspielsachen und Fotos auf einem Scheiterhaufen, den er im Hof errichtet hat. Er zerstört meine Erinnerungsstücke, die Vergangenheit kann er jedoch nicht auslöschen.

Walid und ich heiraten am Samstag, dem 18. Mai 2013, in Bajarok.

An diesem Tag stehe ich, nachdem ich nachts kein Auge zugetan habe, um vier Uhr morgens auf, um die letzten Vorbereitungen zu treffen. Es ist noch dunkel. Es verlangt Geduld, Genauigkeit und ein Minimum an Organisation, um sich in eine Prinzessin zu verwandeln.

Ich bin nicht sonderlich eitel, aber die Geschäfte mit Festtagskleidung bringen mich mit ihren Schaufensterpuppen aus Wachs und den schönen Damenkleidern in den Auslagen seit meiner Kindheit zum Träumen. Auch vor den Bildern des Dorffotografen bin ich immer lange stehen geblieben. Ich habe die Brautkleider betrachtet und mir eingeredet, dass meines einmal herrlich sein würde. Und das ist es auch! Meine Wahl ist auf ein prachtvolles weißes Kleid mit Spitzen und Rüschen gefallen, das mit Perlen bestickt ist. Ich muss nur noch hineinschlüpfen. Bevor ich jedoch mein schönstes Kleid anziehe, sind noch andere Vorbereitungen zu erledigen. Ich muss mir die Haare zu einem Knoten nach hinten kämmen, um meine Stirn frei zu lassen, und mir ein Diadem aufsetzen. Und ich werde zum ersten Mal in meinem Leben geschminkt in der Öffentlichkeit erscheinen. Alle Blicke werden auf mich gerichtet sein. Ich muss strahlend schön sein.

Aufgeregt achte ich auf jedes noch so kleine Detail. Beyan, eine Cousine, die in einem Kosmetiksalon gearbeitet hat, hilft mir und berät mich. Zuerst soll ich auf meinem Gesicht pfirsichfarbenes Make-up verteilen, anschließend meine Wangen mit Rouge hervorheben. Ich gebe mir Mühe. Ich hatte bisher nur wenig Gelegenheiten zum Üben, die Walids schönen Augen vorbehalten waren. Die Augen mit Khol umranden, mit Lidschatten meinen Blick zur Geltung bringen.

Etwas Dunkelbraun auf dem Lid verteilen, meine Augenbrauen mit einem hellen Augenbrauenstift nachzeichnen. Und zum Schluss etwas Mascara auf die Wimpern, karminroten Lippenstift und einen Hauch Puder auf die Nase. Fertig.

Beyan ist der Meinung, das Ergebnis sei der Bedeutung des Ereignisses absolut angemessen. Ich betrachte mich mit halb geöffnetem Mund im Spiegel. »Jinan, du bist jung und schön«, lächelt meine Cousine.

Walid wirkt wie ein Bollywood-Star. Er hat die Haare mit Gel nach hinten gekämmt und von den Schläfen führen schmale Koteletten nach unten. Er hat sich für einen schwarzen Seidenanzug entschieden und trägt um den Hals eine locker gebundene, breite, hellbeige Krawatte.

Ohne angeben zu wollen, muss ich sagen, dass wir beide sehr elegant aussehen. Ich habe meine Satinschuhe angezogen, weiße Pumps mit hohen Absätzen. Nun fehlen nur noch die unverzichtbaren Accessoires: eine Kette, um meinen nackten Hals und mein Dekolleté zu schmücken, Ohrringe mit Anhänger und meine langen weißen Spitzenhandschuhe.

Walid hält es nicht mehr aus. Am frühen Vormittag eilen wir ins Fotostudio. Wir posieren für die Nachwelt vor einer künstlichen Gebirgskulisse in blassen Farben, die an unsere Berge erinnert, und vor einem romantischen Schlossgarten an einem Seeufer. Ich habe ein Rosenbouquet in der Hand. Dann posiere ich auch noch allein, auf einem monumentalen Hochzeitsbett sitzend. Der Fotograf, ein alter Herr, der mehrere Generationen junger Brautpaare des Ortes durch seinen Laden hat ziehen sehen, hält diesen Glücksmoment für die Ewigkeit fest. Die Fotos sind mit Widmungen versehen – auf Englisch, weil das als schick gilt –, mit einem »I need your love« oder »God speed your love to me«.

Es ist elf Uhr, als wir uns in einem hupenden Autokorso zur religiösen Feier begeben. Ich sitze auf der Rückbank einer Kia-Limousine, eines koreanischen Autos, das wir für diesen Anlass gemietet haben und das mit Bändern und mit geflochtenen Kronen aus weißen Blumen geschmückt ist. Wir gehen zuerst zu unserem Scheich, unserem Oberpriester, zu einer kurzen Zeremonie, bei der wir uns gegenseitig unsere Einwilligung bestätigen. Wir küssen auf dem Altar den heiligen Vorhang aus grünem Stoff, der die Inschrift *Yakode* trägt, was »Oh mein Gott« bedeutet. Zwischen unseren Küssen muss ein Kind seine Lippen ebenfalls auf den Stoff drücken. Ohne dieses Ritual könnten wir auch Bruder und Schwester werden. Nachdem wir unsere Opfergaben dargebracht haben, segnet der Scheich unsere Verbindung. Anschließend besuchen wir den Pir, einen zweitrangigen Priester. Unter seiner Leitung erwartet uns eine ähnliche Zeremonie. Nur die Farbe der Stoffe ist eine andere, dieses Mal Rot und Orange. Der Besuch bei den Frommen gibt uns Gelegenheit, die Vertreter unserer religiösen Kasten zu begrüßen. Am höchsten verehrt wird die Kaste der Scheichs. Sie stammen direkt von Scheich Adi ab, dem Gründer unserer Religion, und von den Familien von sechs unserer großen Engel, die uns regieren. Der Scheich ist ein heiliger Mann, häufig mit den Kräften eines Heilers ausgestattet. Er kann Schlangenbisse, Fieber oder Rheuma, Kopfschmerzen und angeblich sogar Anfälle von Wahnsinn heilen. Die Scheichs vererben ihre Kräfte. Die Pirs ihrerseits sind Weise. Sie kümmern sich um unsere Tempel und Kultstätten.

Bei unserer Ankunft vor Walids Wohnhaus erwartet uns ein Ehrenspalier. Ich bemühe mich sehr, auf meinen hohen Absätzen nicht zu stolpern. Ein Regen aus Hurras und eingewickelten Schokoladebonbons ergießt sich über uns. Ich werfe meinen Brautstrauß: Die Mädchen stürzen los, um ihn zu fangen. Ezin, eine Cousine von Walid, erwischt ihn als Erste. Sie wird, da bin ich mir sicher, als Nächste diesen Schritt wagen.

Vor dem Haus habe ich meine Satinschuhe ausgezogen und die Türe aus Respekt vor meinen Gastgebern geküsst. Walids Mutter legt mir in meine linke Hand als Willkommensgruß den Ehering.

»*Mabrouk*! Wir gratulieren!«, rufen die Gäste. Ich betrete zusammen mit einer kleinen Cousine ein dunkles Zimmer und setze mich auf einen Teppich. Zera, meine Begleiterin, ist noch keine 24 Monate alt, wie es der Brauch will. Sie kann kaum laufen. Ich halte sie zärtlich an meine Brust gedrückt im Arm. Durch diese Geste werde ich ihre Patin. Wenn sie größer und verständig geworden ist, so etwa mit sieben Jahren, wird sie fragen:

»Wer ist meine Hochzeitsschwester?«

Dann wird man ihr antworten: »Jinan.«

Wir waren in unserer frühen Kindheit alle so eine Art »Schwester« oder »Bruder« bei einer Hochzeit. Außer Walid, da es in seiner Familie keine Hochzeit gegeben hat, als er das passende Alter hatte.

Früher blieb die Braut, von Kopf bis Fuß in einen Schleier gehüllt, drei Tage eingeschlossen. Sie hielt sich in der Mitte des dunklen Zimmers hinter einem Vorhang auf, bis die Gäste die Hochzeitsfeierlichkeiten beendet hatten. Erst nach dem Ende der Feierlichkeiten durfte der Ehemann zu ihr kommen. Die Zeiten haben sich zum Glück geändert.

Nach Abschluss der Formalitäten beginnt das Fest. Das Festessen findet auf dem Dorfplatz statt. Merza, unser Zeremonienmeister, hat die Hochzeit bis ins kleinste Detail geplant. Walid hat zwei Ehrenburschen, die *brasava*, im schwarzen Anzug mit Krawatte. Es wird ein Festmahl serviert. Im Mittelpunkt steht der Sänger Tazem Smoké, ein Star des jesidischen Gesangs. Wir haben ihm 500 Dollar gezahlt, das ist für uns ein kleines Vermögen. Tazem Smoké begeistert unsere Gäste und lässt uns zu kurdischen Melodien tanzen. Der Schultertanz, der, wie der Name schon sagt, darin besteht, die Schultern zu bewegen und dabei den Oberkörper gerade zu halten, bringt die Gesellschaft in Schwung. Tänzer und Tänzerinnen fassen sich an den Händen und hüpfen im Kreis.

Um 17 Uhr beginnt die Gratulationsrunde der Gäste im Haus des Brautpaars. Sie überhäufen uns mit Geschenken. Die Geschenke reichen vom Ventilator über eine Waschmaschine, Silberarmbänder und Goldschmuck bis zum Goldbarren. Einige heften Geldscheine an mein Kleid.

Bei Einbruch der Dunkelheit wird der Kreis der Anwesenden etwas intimer, nun sind nur noch nahestehende Verwandte und Freunde anwesend. Walid und seine Freunde trinken Whisky. Manche mischen ihren Whisky mit Energydrinks. Ich bin glücklich, auch wenn ich traurig bin, dass meine Eltern nicht da sind. Niemand außer meiner geliebten Großmutter und einem Onkel hat es gewagt, zu kommen. Ich kann sie verstehen. Es macht mich traurig, aber ich muss meine Liebe und meine Freiheit verteidigen.

Das Zerwürfnis dauert ein Jahr. Im Frühjahr 2014 gelingt es einem Onkel mit Geduld und Überzeugungsarbeit, bei sich, auf neutralem Boden, ein Treffen zu organisieren. Zum Zeichen der Ergebenheit küsse ich meinem Vater die Hand, aber er zeigt keine Reaktion. Nur knapp entgehen wir einem neuerlichen Krach. Meine Eltern akzeptieren schließlich, am nächsten Tag, erneut mit mir zu sprechen. Wir nehmen unsere Beziehung wieder auf und schwören, die Streitigkeiten zu vergessen. Ich verbringe sogar einige Nächte bei ihnen zu Hause, um unsere Versöhnung zu besiegeln. Papa setzt inzwischen auf ein anderes Pferd, seit Husseins Mutter vorgeschlagen hat, ihren Sohn mit Hanan zu verheiraten. Natürlich lehnt meine Schwester ab, aber dieses Mal insistiert Papa nicht lange.

Kapitel 3
DAS GEFÄNGNIS VON BADUSCH

Amina ist bei mir — Zwischenstopp in Tal Afar — Das Gefängnis von Badusch — Die alte Gulé und ihre Töchter nehmen uns unter ihre Fittiche — Randa vertraut mir ihr Baby Jano an — Wichtig ist, sich dem Blick der Männer zu entziehen, die ein Mädchen für die Nacht suchen — Randa wird von ihrem Sohn Daoud getrennt — Der Schein-Luftangriff — Rückkehr nach Tal Afar

Heute Morgen habe ich den bitteren Geschmack der Gefangenschaft im Mund. Der entsetzte, verstörte Blick meiner jungen Schwägerin, die gestern noch lebhaft und aufgeregt war, setzt mir zu. Amina ist antriebslos. In ihrem Blick ist Verständnislosigkeit zu lesen. Ich habe ihr mein Brot und meinen Käse gegeben, aber sie hat nichts gegessen.

Amina ist ein sanftes Mädchen, ihr ovales Gesicht wird von braunem, seidenweichem Haar umrahmt, ihre Haut ist zart und hell. Ihre Brustspitzen machen sich unter ihrem roten

T-Shirt bemerkbar, aber sie ist noch ein Kind, erst zwölf Jahre alt. Sie liegt neben mir. Uns ist ausdrücklich verboten worden, aufzustehen, nicht einmal auf die Toilette dürfen wir gehen. Wir leben in der Ungewissheit. Was werden sie mit uns machen? Was geschieht draußen? Ich habe nicht die geringste Vorstellung davon.

Hoch oben am Himmel kreist ein Flugzeug. Sein Dröhnen macht die Wachen nervös. Sicher ein Aufklärungsflug, denn der winzige Punkt verschwindet schließlich. Einen kurzen Moment stelle ich mir vor, dass Männer mit Fallschirmen vom Himmel springen, um uns zu retten.

Kaum ist das Flugzeug verschwunden, beginnt die nächste Runde an Beschimpfungen. Grundlos werde ich als »Hündin« bezeichnet. Ich ziehe nur den Kopf ein.

Zwei Stunden später halten Busse vor dem Sitz der DPK.

»Auf, auf, ihr Ungläubigen! Steht auf! Wir fahren!«, ruft ein Bärtiger im Kampfanzug.

600 Frauen und Kinder zwängen sich nun in drei Reisebusse. Vorne, hinten, rechts und links drängen sich Körper, die gegen mich drücken. Es riecht nach Staub und saurem Schweiß. Die Luft ist stickig, unerträglich.

Wir fahren Richtung Tal Afar. Dieses Ziel macht mir Angst. Die Stadt Sindschar ist ein bekannter Ort, selbst wenn sie durch die Besatzung der Mörder des »Islamischen Staates« verändert ist. Aber wir haben hier Tempel und Friedhöfe. Die Stadt gehört zu unserer Welt. Sie liegt am Fuß des Gebirges, dessen steile Hänge zu unseren Dörfern hin abfallen. Tal Afar ist anders. Die Stadt liegt in der Ebene von Ninive, an der Straße nach Syrien. Als ich ein Kind war, verglich mein Vater diese von Arabern und Turkmenen bewohnte Stadt mit einem Wespennest. Er hatte mir erklärt, dass die Stadt, als die Amerikaner im Irak kämpften, eine Etappe für al-Qaida auf dem Weg von Damaskus nach Bagdad war. Dort trafen sich Dschihadisten aus aller Welt.

Bereits damals waren die Jesiden eine Zielgruppe. Kurz vor meinem zehnten Geburtstag gab es gleichzeitig in vier Städten der Region vier Selbstmordattentate mit Autobomben von unglaublicher Stärke. Mit einer Bilanz von 800 Toten und 1500 Verletzten waren dies die blutigsten Angriffe während des amerikanischen Irakkriegs. Niemand bekannte sich zu dem Massaker an den Jesiden. Aber die Amerikaner töteten einige Wochen später einen Terroristen, den sie als Verantwortlichen für das Gemetzel präsentierten. Dann zogen die Amerikaner wieder ab, und bei uns ersetzte der »Islamische Staat« al-Qaida.

Sindschar ist eine Autostunde von Tal Afar entfernt. Beurteilt man es anhand unserer Eskorte, muss unser Leben noch einen gewissen Wert haben. Denn der Konvoi beginnt und endet jeweils mit einem Pick-up, der mit schweren Geschützen ausgestattet ist. Unterwegs bemerken wir ausgebrannte Militärfahrzeuge der Peschmerga. Ich versuche immer wieder, mich dem Fenster etwas zu nähern. Mit einem Schubs gelingt es mir, nach vorne im Bus durchzukommen. Jetzt bin ich hinter dem Fahrer eingequetscht, einem Araber aus Mossul, der von einer Gefangenen angesprochen wird:

»Warum akzeptierst du es, uns in den Tod zu fahren?«, fragt die Gefangene verzweifelt.

»Ich habe den Auftrag, diesen Bus von Sindschar nach Tal Afar zu fahren. Ich bin Fahrer, *khalass!* Der Rest geht mich nichts an.«

»Hast du keine Mutter? Hast du keine Töchter?«, lässt die Jesidin nicht locker. »Hast du kein Mitleid?«

»Ich kann nichts dafür und ich kann für euch nichts tun. Es geht mir wie euch. Ich habe eine Mutter, eine Frau und drei Töchter, aber ich gehorche den Befehlen.«

»Wirst du deiner älteren Tochter heute Abend, wenn du nach Hause kommst, verraten, was du gemacht hast? Wirst du den Mut haben, ihr die Wahrheit zu sagen?«

Der Fahrer dreht den Kopf zur Seite und konzentriert sich auf sein Lenkrad.

In Tal Afar angekommen, werden wir beim Aussteigen aus dem Bus von etwa 20 Dschihadisten umringt. Wir müssen vor einem Schulhaus warten. Am Eingang nenne ich einem Schreiber mit Scheitelkäppchen, langem Bart ohne Oberlippenbart und vorschriftsmäßigem *kameez* meinen Namen. Der Schreiber des IS kritzelt meinen Namen in ein Heft, um, wie er behauptet, meinen »Ausweis des Islamischen Staates« vorzubereiten. Aus welchem Grund werden wir hier abgeladen? Was hat diese Ortsveränderung zu bedeuten? Fragen über Fragen und keine Antwort. Nach und nach überwältigt die Müdigkeit mein klares Bewusstsein.

Wie eine Zauberin gönne ich mir einen Augenblick der Zärtlichkeit mitten unter diesen Rohlingen. Mit äußerster Vorsicht ziehe ich das Foto meines Glücks, das ich vor dem Diebstahl des Schmucks in meinem BH versteckt habe, heraus. Äußerste Vorsicht ist geboten. Ich halte es in meiner Handfläche, die Hand gegen meine Brust gedrückt. Eine Aufforderung zur Abfahrt unterbricht meinen Traum.

Unsere Irrfahrt geht weiter. Tal Afar war nur ein Zwischenstopp. Mir wäre das Herumfahren beinahe gleichgültig, wenn das angekündigte Ziel nicht Badusch wäre, ein Name, der von einer Gefangenen zur nächsten weitergesagt wird. Badusch, ein Synonym für die Hölle, jagt uns allen Angst ein. Ich habe das Gefühl, in die tiefste Finsternis hinabzusteigen.

Badusch ist gleichbedeutend mit Gemetzel. Im Juni hat der »Islamische Staat« dort mehrere Hundert Menschen ermordet.

Während der Fahrt spukt die Erinnerung an dieses Blutbad in unseren Köpfen umher.

»Aus Badusch kommt man nicht mehr lebend heraus. Dieses Gefängnis verlässt man nicht mehr. Mein Mann Adnan ist dort gestorben«, jammert eine Frau. Die Gesichter wenden sich ihr zu. Schwarze Locken quellen aus ihrem Kopftuch hervor. Der Schweiß klebt auf ihrer breiten Stirn. Die Witwe legt ihre Hände auf die Schultern ihres Sohnes, eines zahnlosen Jungen, auf dessen Trikot in den Farben des Fußballteams FC Barcelona die Nummer 10 von Messi steht. »Ich bin sicher, dass Adnan tot ist. Wenn er noch leben würde, hätten wir nach der Erstürmung des Gefängnisses etwas von ihm gehört. Wenn er es hätte verlassen können, wäre er nach Sindschar zurückgekehrt«, sagt sie. Ihr Mann hatte zwei Jahre Gefängnis aufgebrummt bekommen, weil er Kupfer gestohlen hatte. Dabei hatte es sich um Elektrokabel gehandelt. Er war gerade erst verurteilt worden. »Er war kein schlechter Kerl. Wir sind arm und haben das Geld gebraucht, um eine Hüftoperation seiner Mutter zu bezahlen«, erklärt die Frau mit dem Kopftuch, entschlossen, einen genauen Bericht des Geschehens abzuliefern. In ihrer Umgebung werden die Ohren gespitzt. »Eines Nachts ist er losgegangen, um den Masten einer Stromleitung am Rand eines Feldes niederzureißen. Er wollte das Kupfer holen, um es einem Schrotthändler zu verkaufen. Adnan war allein unterwegs, ohne mir etwas zu sagen. Er wollte mich nicht beunruhigen. Ich hätte Angst gehabt, dass er einen Stromschlag bekommt oder erwischt wird. Er hat niemandem etwas gesagt. Die Polizei hat ihn auf frischer Tat ertappt. Er hat es nicht verdient, vor einem Graben ermordet zu werden. Nun bin ich an der Reihe. Mein Gott, mögen die Engel meinen Sohn retten!« Die Witwe hält plötzlich inne, versinkt in dunklen Gedanken. Ihr Bericht, und damit auch der des Gemetzels, verbreitet sich vorne und hinten im Bus bei den Passagieren.

Am 10. Juni, als der »Islamische Staat« Mossul, die zweitgrößte
Stadt im Irak eingenommen hat, haben die besiegten irakischen Soldaten Badusch überstürzt verlassen. Die Wachen ließen
1800 Gefangene zurück: rechtmäßig verurteilte Mörder, kleine
Diebe, Terroristen, sunnitische Gegner, Schiiten. Bei ihrer Ankunft trennten die Dschihadisten die Gefangenen, die Sunniten
waren wie sie selbst, von den feindlichen Schiiten. Die ersten ließen sie in einem Antrieb von Brüderlichkeit frei. Die meisten von
ihnen haben sich gegen das Versprechen, Sold und Logis zu
bekommen, dem IS angeschlossen. Die Schiiten und die jesidischen Abtrünnigen wurden am Rand der Straße von Badusch
nach Tal Afar auf ein Brachland gebracht und ohne Prozess hinge-
richtet. Es waren über 500. Die Henker haben jeweils zwei zusammen getötet, dann in Zehnergruppen, damit es schneller geht,
und schließlich mit dem Maschinengewehr ganze Reihen umge-
schossen, um fertig zu werden. Die Leichen kippten in Gräben.
Verwundete wurden mit einer letzten Salve aus der Kalaschnikow
getötet. Adnan, der Jeside, erlitt das Schicksal der Schiiten.

Das Gefängnis Badusch steht am Rand der Autobahn, nicht weit
vom Fluss Tigris entfernt. Der Anblick seiner Wachtürme lässt
einem das Blut in den Adern gefrieren. Die hohen Mauern und die
Stacheldrahtzäune erschrecken mich. Der Eingang wird von Rad-
panzerfahrzeugen bewacht. In einer Menschenwoge überschrei-
ten wir die Schwelle, wir sind Hunderte Frauen und Kinder. Die
Wachen haben die schwarzen Flaggen des »Islamischen Staates«
auf den Türmen gehisst. Wir müssen durch eine Schleuse gehen,
bevor wir auf einen großen Platz gelangen, auf den die Mittags-
sonne herabbrennt.

Gulé, eine alte, kranke und inkontinente Frau, liegt neben mir
auf einer Decke. Ihre vier Töchter heben die Decke, wenn es nötig

ist, an den vier Ecken an, um sie herumzutragen. Die Greisin hat mich sofort in ihr Herz geschlossen. Sie ist groß und gebeugt, ihr langes Gesicht ist vollkommen runzlig. In dieser Frauenwelt wirkt Gulé wie eine gestürzte Königin, eine etwas verrückte und überdrehte Königin, die vom Hofstaat ihrer Töchter und der Schar ihrer Enkel umgeben ist.

»Sie werden mich verkaufen und vergewaltigen«, sage ich zu ihr.

»Wenn man versucht, dich zu besudeln, nimm dir das Leben. Dann wird dein Tod deine Ehre reinwaschen«, rät sie mir in dem schulmeisterlichen Ton, den alte Menschen manchmal annehmen, wenn sie ihre Weisheit unter Beweis stellen wollen.

»Eine Jesidin hat nach einer Vergewaltigung keine andere Wahl als den Tod. Sie muss sterben. Um ihre Würde zu erhalten und ihre Angehörigen nicht zu belasten, muss sie ihrem Leben ein Ende setzen«, fährt sie fort. Ich blicke ihr mit verschränkten Armen direkt in die Augen. »Hast du verstanden, was da geschieht? Falls nicht, erkläre ich es dir, meine Kleine. Zuerst werden sie uns weiter aussortieren und trennen. Die jungen, kinderlosen Frauen wie du werden mitgenommen und vergewaltigt. Es ist denen völlig egal, dass du verheiratet bist. Du hast ja gesehen, sie bedienen sich, sie wählen die schönsten Mädchen wie ein Bauer, der seine Tomaten vom Feld holt.« Die Frau ist noch nicht fertig. »Am ersten Tag haben sie die Männer geholt und jetzt werden sie die Jungen holen. Ich habe sie vorhin sagen hören, dass sie sie mitnehmen werden. Vor mir nehmen sie sich nicht in Acht, denn sie halten mich für eine verrückte Alte, aber ich kenne sie, diese Dreckskerle. Sie werden die Jungs, die älter als zehn Jahre sind, für eine Gehirnwäsche in Lager einsperren. Sie werden sie mit ihren Koranversen durchtränken. Sie werden sie trainieren, um gute Soldaten des IS aus ihnen zu machen. Und wenn sie es so entscheiden, dann schicken sie sie als Selbstmordattentäter los, die sich mit einem Sprengstoffgürtel um die Taille auf dem Markt in die Luft jagen, vor dem Stand, wo du gerade deine Gewürze kaufst.«

»Du hast recht, lieber sterbe ich. Sie werden mich vergewaltigen und mir meinen Daoud wegnehmen, um ihn in ihrem Glauben zu erziehen. Aber er ist doch noch ein Kind«, unterbricht Randa, ihre zweitälteste Tochter. »Ich werde ihn nicht im Stich lassen. Ich werde nicht erlauben, dass sie ihn mir wegnehmen.«

Daoud ist elf Jahre alt, hat ein ovales Gesicht und eine Topfschnittfrisur. Er hört seiner Großmutter nicht zu, und das ist vielleicht besser so.

Gulé hat zu allem ihre Meinung, sogar dazu, wie ich mich am besten retten kann. Sie flüstert ihrer Tochter etwas ins Ohr, wobei sie die Hand vor den Mund hält. Das Getuschel der beiden Frauen wird von unterdrückten Geräuschen begleitet. Dann setzt Gulé eine ernste Miene auf:

»Hör zu, Jinan. Ich habe einen Plan. Du nimmst das Baby Jano. Randa behält ihren größeren Sohn und ihre ältere Tochter. Sie ist damit einverstanden«, sagt die Großmutter.

Randa bestätigt:

»Bitte, Jinan, sag Ja! Wenn sie uns Fragen stellen, werden wir die Wahrheit sagen, aber wir versuchen unser Glück. Solange du ihn bei dir hast, werden sie nicht wagen, dich zu vergewaltigen. Wir können dann zusammenbleiben. Du kümmerst dich um das Baby, als wäre es dein eigener Sohn. Versprich mir, dass du ihn beschützen wirst!«

»Ich schwöre es!«

Sie reicht mir den noch recht kleinen Säugling. Ich nehme Jano in den Arm. Mit seinen sechs Monaten hat er ein pausbäckiges Kindergesicht, eine kleine Stupsnase und mandelförmige Augen.

Ich setze mich in den Schneidersitz und lege ihn auf meine Oberschenkel, um ihn durch die langsame Bewegung meiner Beine zu wiegen.

»Siehst du, es klappt. Man könnte meinen, du hast dich dein ganzes Leben lang um ein Baby gekümmert«, sagt Gulé.

Ihr gegenüber kann man sich den Aufmunterungen nicht widersetzen: »Halte durch, und wenn du frei bist, dann gibst du ihn seiner Mutter zurück.«

Vor uns gehen Dschihadisten auf und ab.

Gulé richtet sich auf ihrer Decke theatralisch auf und deutet mit dem Finger auf einen von ihnen:

»Der Abtrünnige bist du!«, ruft sie.

»Verrückte Alte«, brummt die Wache.

Ich stelle Amina, Walids kleiner Schwester, ihren neuen »Neffen« vor und ziehe auch Mayade und Leila ins Vertrauen, zwei 16 und 14 Jahre alte Cousinen, die ich in Badusch wiedergetroffen habe.

Die beiden jungen Mädchen, die sich selbst überlassen sind, erkunden alle Winkel des Gefängnisses in der unwahrscheinlichen Hoffnung, eine Lücke im Überwachungssystem zu finden oder, noch besser, ein Loch in einer Mauer. Die Jüngere folgt ihrer Schwester wie ein Schatten. Sie haben sich in Gänge vorgewagt, die durch ein Feuer geschwärzt sind. Die beiden sind durch ein Folterzimmer gekommen, sie haben Ketten gesehen, die an den Wänden befestigt waren, Haken, die von der Decke hingen, einen Käfig und einen Tisch, auf dem Elektrokabel herumlagen. Mayade und Leila haben sogar einen Theatersaal entdeckt, in dem sich die Häftlinge wohl durch Theaterspielen etwas ablenken sollten. Auf einer Tafel waren mit Reißnägeln noch Fotos davon befestigt. Zerstreut höre ich ihrem Geplapper mit einem Ohr zu. Jano weint vor

Hunger. Ich habe mich gerade dem Aufruf zur Milchverteilung entzogen, weil die Wachen dabei Angaben über die Identität der Babys verlangten.

Mit seinen verzweifelten Frauen und den weinenden Kindern hat Badusch mehr Ähnlichkeit mit einem Durchgangslager als mit einem Gefängnis. Wir sind hinter hohen Mauern interniert, die mit Stacheldraht bewehrt sind, und warten darauf, dass unsere Bewacher ihre Auswahl treffen.

Am Abend sinkt die Temperatur endlich. In der Dunkelheit verbreiten sich geflüsterte Anweisungen von einer Gruppe zur nächsten. Das Leben geht weiter ... niemand vergisst die Riten, aber sie müssen angepasst werden, wir sind nicht mehr zu Hause, und so entdecke ich den Ritus des weißen Fadens. Bei uns Jesidinnen ist es Brauch, nachts ein weißes Nachthemd anzuziehen.Da wir hier aber keines haben, hat sich die Idee, dieses durch einen einfachen weißen Faden zu ersetzen, wie ein Lauffeuer verbreitet. Wir tragen dieses Symbol alle als Kette um den Hals. Will man Gulé glauben, hat unser religiöser Führer, Baba Sheikh höchstpersönlich, diese Anweisung heimlich übermittelt.

Die Gefängnisaufseher achten nicht auf diese Fäden, die während der Essensausgabe um unseren Hals hängen.

»Esst Trauben! Wir haben uns in den Weinbergen von euch Ungläubigen bedient«, macht sich ihr Chef lustig.

Mit seinem Spott versucht er, uns Bauern lächerlich zu machen. Unsere Männer haben ihre Felder verlassen, die mangels Aufsicht nun Plünderungen ausgeliefert sind.

Um diese Zeit am Abend sind die Dschihadisten auf der Suche nach »Frischfleisch«. Mit Jano neben mir fühle ich mich weniger angreifbar. In dieser Nacht wäre ich so gern nicht mehr 18 Jahre alt, sondern schon eine alte Frau, um die begehrlichen Blicke der Perversen vom »Islamischen Staat« nicht anzuziehen.

Die Angst vor einer Vergewaltigung quält mich. Im Halbdunkel höre ich die Schritte. Ich liege auf dem Boden. Männer gehen zwischen uns umher. Der Lichtstrahl ihrer Taschenlampen bewegt sich auf der Suche nach unseren Gesichtern hin und her. Verletzlich und machtlos sind wir ihnen ausgeliefert. Sobald eine von uns angeleuchtet wird, senkt sie den Kopf, um ihr Gesicht zu verbergen. Manchmal jedoch vergeblich, den Schreien nach zu urteilen.

Ein Schatten steigt über mich hinweg. Ich spüre, wie sein Fuß gegen meinen Bauch stößt. Mein Tuch bedeckt mich vom Hals bis zum Scheitel. Meine Nase habe ich in meinem angewinkelten Arm in den Ellbogen gesteckt. Ich höre zu atmen auf. Ich habe Glück: Er sieht mich, ohne mich wirklich zu bemerken. Ich drücke mich an Jano und Amina. Ich habe mein Hochzeitsfoto herausgeholt und halte es wie einen Talisman fest.

Am Morgen weckt mich eine gelbe, trübe Sonne, deren Strahlen bereits unerträglich sind. Das Thermometer wird selbst im Schatten wohl auf 50 Grad steigen. Und Schatten gibt es in diesem Brutkasten nicht, der so schmutzig wie trostlos ist. Ich fühle mich elend mit meinem Stückchen Fladenbrot, das nach Pappe schmeckt, meiner Tomate und meinem Stück Gurke, das auf den Boden gefallen ist. Ich könnte in einem Kerker Schutz suchen, aber dort erstickt man, weil es keine Belüftung gibt. Außerdem ist es ausgeschlossen, dass ich mich in dieses Labyrinth wage, in dem sich die Vergewaltiger herumtreiben. In den Zellen von Badusch hört niemand einen schreien und niemand würde mir zu Hilfe kommen.

Ich bin schmutzig. Wirklich sehr schmutzig. Ich versuche, einen richtig abstoßenden Zustand zu erreichen. Das ist meine Art der Abschreckung. Ich ekle mich vor mir selbst. Aber wird das reichen, um die Männer abzuhalten, die um mich herumschwirren? Ich meide den Waschraum, der zwar Türen hat, die jedoch weit offen stehen. Ich streike bei der Körperpflege. Ich leiste passiven Widerstand. Was für ein Geruch! Mir wird übel!

Seit der Flucht aus dem Haus von Walids Eltern trage ich ein leichtes Sommerkleid, das bis zur Hälfte der Waden reicht. Das blaue und gelbe Muster ist vor Schmutz kaum mehr auszumachen. Ich lege auch mein Tuch nie ab. Es kann mich mehr schlecht als recht vor der Sonne schützen, vor der nächtlichen Kühle der Wüste und vor den Blicken der Männer.

Meine langen Haare hängen wild herunter. Mein Gesicht, das von einem feinen Film aus erdigem Staub bedeckt ist, hat eine bräunliche Farbe angenommen. Ich schwitze und rieche wie ein nasser Hund. Die schlechten Gerüche hängen in meiner Kleidung. Meine Füße verpesten die Luft. Wir stinken alle. Vom Gefängnishof steigt ein abscheulicher, unerträglicher Geruch auf. Mein Kopf juckt. Ich habe Pickel und Ausschlag. Ich sehe Walid vor mir. Sein Gesicht wird von einer angstvollen Grimasse verzerrt. Die Luft verbrennt mich, die Farben verblassen. Alles um mich herum ist weiß. Alles unter der gnadenlosen Sonne ist bleich. Ich fühle mich wie in einem Dampfkochtopf, der gleich explodieren wird.

Das Geheul von Müttern und die Schreie von Kindern reißen mich aus meinem Dämmerschlaf. Die Abholung der Jungen hat begonnen. Randa hat es geahnt, seit Kämpfer des IS mit besonders finsterer Miene den Hof betreten haben. Nach kurzem Getuschel bahnen sie sich einen Weg durch die Reihen der gefangenen Frauen.

Randa umschlingt Daoud und redet leise auf ihn ein.

»Wir werden nicht zusammenbleiben können, mein Sohn. Du wirst gehen müssen und ich werde nicht mit dir kommen können. Sie werden es nicht erlauben. Du wirst mit den anderen Jungen gehen.«

»Aber, Mama, ich muss dich beschützen. Ich will hier bleiben.«

»Mein Liebling, du bist mein Ältester, mein geliebter Sohn. Wir können nichts daran ändern: Sie sind stärker, aber gib nie die Hoffnung auf.«

»Bitte, lass nicht zu, dass sie mich mitnehmen.«

»Ich weiß nicht, wohin sie dich bringen, aber ich weiß, dass du Glück haben wirst. Ich werde immer bei dir sein. Ich werde an dich denken. Jeden Tag. Ich werde dich wiederfinden.«

»Mama! Behalte mich bei dir!«

»Das kann ich nicht, meine Seele!«

Randa hält ihre Tränen zurück. Mit zugeschnürter Kehle singt sie leise ein Schlaflied:

»Ich singe ein Wiegenlied für mein geliebtes Kind,
Damit der Nordwind durch sein Haar streicht,
ich singe ein Wiegenlied aus der Tiefe meines Herzens ...«

Randa und Daoud schmiegen sich eng aneinander.

»Sing weiter, Mama.«

»Weißt du noch, mein Sohn, das war dein Lieblingslied, als du klein warst.«

Sie streicht ihm über das Haar.

»Mögen deine Augen niemals traurig sein.
Schlaf, mein geliebtes Kind, schlaf!
Die Wüste und die Ebene sollen dein weiches Kopfkissen sein.
Schlaf, mein geliebtes Kind, schlaf!
Schließe einen Moment deine sanften Augen vor dieser Welt.
Du bist das Licht meiner Augen, die Seele meines Körpers.
Du bist das Wertvollste, was ich auf dieser Welt habe.«

Zwei Aufseher nähern sich schimpfend.

»Ich habe solche Angst, Mama.«

»Du wirst es schaffen, mein kleiner Daoud.«

»Mama, ich habe Angst, dass ich nicht zurückfinde.«

Ein Dschihadist ist zu ihnen gekommen, zu uns.

»Rühr ihn nicht an, Schweinehund! Lass ihn los.«

Mit ausgestrecktem Zeigefinger lässt Gulé von ihrem Lager-
platz Flüche los.

Der Dschihadist versetzt ihr einen Tritt mit dem Stiefel, ohne
sie zum Schweigen zu bringen.

»Ich verfluche dich. Du sagst, du seist von Gott geschickt, aber
Gott tut nichts Schlechtes.«

»Halt dein Maul, du altes Biest«, schreit der Entführer.

Randa drückt Daoud an ihre Brust, setzt ihm seine Kappe wieder auf. Plötzlich schreit sie: »Ich lasse das nicht zu.«

Der Dschihadist zischt durch die Zähne. »Los! Gehen wir.«

Er ruft zwei Männer zur Verstärkung. Die Wachen trennen die
Mutter mit Schlägen ihrer Gewehrkolben von ihrem Sohn. Die
Schläge zielen erst auf die Rippen, dann in den Bauch. Randa und
ihr Sohn krümmen sich vor Schmerz. Sie stürzt. Auf Knien fleht
sie die Männer an.

Daoud wird zum Hofeingang gezogen und zu den anderen Jungen seines Alters gestellt. Es sind keine Männer, nur große Jungen.
Daoud reibt sich mit der Faust die Augen und zieht dabei am Ärmel
seines Sweatshirts. Er hat bei dem Gerangel seine Kappe verloren.

Randa, die neben Gulé sitzt, weint hemmungslos.

Ich denke an meine Mutter und hoffe, dass sie die Region mit
der Familie unbeschadet hat verlassen können. Wenn ich nur telefonieren könnte.

Plötzlich bedauere ich es, dass ich mein Handy bei meiner
Festnahme so einfach abgegeben habe, genau wie unser Gold,

unser Geld und meinen Schmuck, aber schnell komme ich wieder zur Vernunft. Die Angreifer haben mir keine andere Wahl gelassen. Sie hatten gedroht, mir eine Kugel durch den Kopf zu schießen, falls sie entdecken sollten, dass ich nicht gehorcht habe. »Man wird dich durchsuchen«, hatten sie mich gewarnt. Das haben sie aber nicht gemacht. Sie haben mich nicht auf Herz und Nieren geprüft.

Hier in Badusch ist ein Handy so viel wert wie alle Reichtümer Babylons. Einigen Mädchen ist es gelungen, eines bei sich zu verstecken. Eine von ihnen namens Lava hat heimlich eine SMS an ihren Vater geschickt. Sie haben SMS ausgetauscht. Die Geschichte hat im Hof die Runde gemacht.

»Papa, wir sind in Badusch! Wir sind hier zusammengepfercht. Ich habe Durst. Ich weiß nicht, was sie mit mir machen werden. Ich will sterben. Verzeih mir!«

»Halt durch, meine Tochter. Ich werde dir die Telefonnummer von Vian Dakhil geben, der jesidischen Abgeordneten. Sie hat soeben an das Parlament in Bagdad appelliert, euch zu retten.«

Lava hat es tatsächlich geschafft, Vian Dakhil zu erreichen. Diese stammt aus einer großen jesidischen Familie und hat Biologie studiert. Ich weiß, dass ihr Vater Minister in der Kurdenregierung von Präsident Masud Barzani gewesen ist. Sie ist in die Politik gegangen und wurde als Abgeordnete gewählt. In unserer Gemeinschaft wird Vian Dakhil bewundert. Sie hat unser Volk immer gegen Ungerechtigkeit und Unterdrückung verteidigt.

Lava ist mutig. Sie hat eine Bombardierung verlangt, damit Schluss ist mit den Vergewaltigungen und Demütigungen. Viele von uns sind damit einverstanden. Lieber bei einem Luftangriff umkommen, als langsam in Sklaverei sterben. Aber Vian Dakhil lehnt es ab, uns unter einem Bombenteppich begraben zu lassen. Sie plädiert für einen Ablenkungs-Luftangriff.

Als die beiden Flugzeuge auftauchen, glaube ich zunächst, dass es sich wie in Tal Afar um einfache Aufklärungsflüge handelt. Ihr Vorbeiflug wird mit Geschrei begrüßt. Die beiden Maschinen glänzen vor dem blauen Himmel. Ich kann ihre kurzen weißen Tragflächen sehen und ihre spitze Nase. Die Wachen bekommen Panik. Sie hören auf, Anweisungen zu brüllen, die niemand mehr hört, und laufen an den Mauern entlang, um die Schleuse zum Ausgang zu erreichen. Sie laufen weg! Plötzlich sind wir sie los. Unter die Aufregung mischt sich Verblüffung. Wird der Albtraum mit unserem Ausbruch enden oder in einem Blutbad?

Die Flugzeuge entfernen sich, verschwinden aus unserem Blickfeld, dann kommen sie in etwas niedrigerer Höhe zurück, ohne einen einzigen Schuss abzubekommen. Zwei gewaltige Explosionen sind zu hören. Ich halte mir die Ohren zu. Die Luft vibriert, der Boden bebt.

Wir stürzen alle zum Eingang, bereit, unter den Kugeln zu sterben. Doch es ist unmöglich, das Tor zu öffnen. Die Leute des IS haben den Ort verlassen. Sie haben sich außerhalb der Mauern in Sicherheit gebracht. Aber sie haben zuvor noch sorgfältig die Eisentüren abgeschlossen.

Die Menge drängt sich vor dem Ausgang wie ein kopfloser Schwarm. Von oben gesehen müssen wir Insekten ähneln, die einen unauffindbaren Ausweg suchen.

Die von Bagdad erdachte Rettungsaktion ist gescheitert. Nach der Aufregung ergreift nun Niedergeschlagenheit von uns Besitz.

Nun kommen die Kämpfer des IS zurück, erleichtert, so gut davongekommen zu sein. Vor allem aber sind sie wütend, Zielscheibe gewesen zu sein.

»Geht in die Zellen. Wir wollen niemanden mehr im Hof sehen«, befiehlt ein Kämpfer. »Räumt den Hof! Die Flugzeuge werden zurückkommen und zuschlagen.«

»Uns ist es egal, ob wir sterben«, ruft Gulé. »Wir haben nichts zu verlieren. Wir ziehen die Bomben der Iraker oder der Amerikaner euren Kugeln vor.«

Wir bewegen uns keinen Millimeter von der Stelle.

»In die Zellen«, schreien die Aufseher.

Niemand bewegt sich. Es ist die Stunde des passiven Widerstands.

Der seltsame Luftangriff, der keiner war, hat die Soldaten des »Islamischen Staates« offenbar aus der Fassung gebracht.

Ein paar Stunden später kommt der Befehl zur Evakuierung. Wir verlassen flankiert von unseren Wärtern das Gefängnis und steigen wieder in Busse, um in die Schule in Tal Afar zurückzufahren.

Und wenn die Flugzeuge das Zeichen gewesen sein sollten, dass wir trotz dieser schweren Prüfungen nicht vergessen sind? Ich wage nicht, daran zu glauben.

Kapitel 4
VERKAUFT

Die Sklavenmärkte in den Häusern von Mossul –
Jilans Selbstmord — Abdallah der
»Viehhändler«, der Großhändler für Frauen –
Das Krankenhaus

Zurück in Tal Afar steigen wir aus dem Bus, um zu Fuß zur Schule zu gehen. Gulé führt den Zug an, sie wird unter großem Krafteinsatz von zwei ihrer Töchter getragen. Ihnen folgen Amina, Mayade und Leila. Als neues Familienmitglied beschließe ich die Gruppe mit »meinem« Baby im Arm. Wir sind 18 Mitglieder des »Gulé-Stamms«, die sich am Kontrollpunkt gemeinsam melden.

»Aha, hier kommt gleich die ganze Familie«, bemerkt der Kämpfer vom »Islamischen Staat«, der mit verschränkten Armen dasteht und den Eingang überwacht.

»Wie du unschwer erkennen kannst«, gibt Gulé spöttisch zurück.

»He, Alte, du gewöhnst dir gleich mal einen anderen Ton an. Wir werden deine Familie genau überprüfen«, warnt er düster. »Anschließend werden wir dafür sorgen, dass ihr alle konvertiert, alle, wie ihr hier steht. Du wirst zum Islam übertreten, der Religion von Recht und Vernunft, und die anderen werden deinem Beispiel folgen. Du wirst deine Töchter dem Islamischen Staat geben, damit sie heiraten, und deine Enkel, damit sie nach der Lehre des Islam erzogen werden, und das wird alles gut laufen.«

»Ich werde meine Religion nicht aufgeben. Ich werde mich nicht verleugnen und noch weniger meine Töchter hergeben. Es sind meine Kinder, sie gehören euch nicht. Ich habe sie auf die Welt gebracht, so wie deine Mutter dich auf die Welt gebracht hat.«

»Lass meine Mutter aus dem Spiel.«

»Ich wurde als Jesidin geboren. Meine Religion ist mein Augenlicht. Das kannst du mir nicht wegnehmen.«

»Genau, aber ich kann dich erblinden lassen, indem ich dir die Augen mit einem kleinen Löffel aussteche. Denk daran! Wir akzeptieren es im Islamischen Staat nicht, unser Leben mit Ungläubigen zu teilen. Das ist *haram*! Verboten! Verstehst du, was ich sage? Reicht es dir noch nicht, gelähmt zu sein? Bist du auch noch taub? Wir wollen keine Ungläubigen auf dem Gebiet des Kalifats. Akzeptiere, Muslima zu werden, dann bekommst du das Haus von irgendwelchen Schiiten, die geflohen sind. Dann wirst du als Gläubige unter Gläubigen angesehen. Wir sind gerecht, denn so will es Gott.«

»Lieber sterbe ich!«

Gulé bleibt hart. Auf dem Gehsteig sitzend, wirft sie dem Mann herausfordernde Blicke zu.

»Du tätest besser daran, deinen Glauben zu verleugnen, denn der ist nichts wert«, fährt der Dschihadist fort, der begonnen hat, sich mit dem Zeigefinger in der Nase zu bohren. »Im Islam führt der Tod den Gläubigen in den Garten Allahs.«

»Ein Paradies, in dem Arabisch gesprochen wird wie in Mossul? Das ist nichts für mich. Ich bin Kurdin«, ereifert sich Gulé.

»Angeblich glaubt ihr an die Wiedergeburt. Als was wirst du in deinem nächsten Leben geboren werden? In welchem elenden Tier wird deine Seele leben? Wirst du dich in eine Maus verwandeln? Oder in eine Ratte? Eine Ratte, die in der Scheiße und in der Kanalisation herumläuft. Nein, noch besser: Du wirst eine Wanze sein, eine Kakerlake, die ich mit dem Fuß zertreten werde«, sagt er und begleitet seine Worte mit einer entsprechenden Fußbewegung.

Gulé zuckt mit den Achseln.

Der Marktschreier des »Islamischen Staates« verliert langsam die Geduld.

»Das ist letztlich dein Problem«, sagt er gelangweilt. »Genug geredet. Mütter und Kinder gehen nach rechts, junge Mädchen und Ledige nach links.«

Unser kleiner Stamm versucht, eng zusammengedrängt nach rechts zu gehen.

Gulé, ihre Töchter samt den Kindern treten über die Schwelle der Schule. Ich werde mit Jano und Amina aufgehalten. Meine junge Schwägerin wird nach links gestoßen, mit den kinderlosen Frauen. Ich protestiere. Sie ist zwar zwölf, aber ich behaupte, sie werde gerade erst zehn.

»Pfeif drauf. Nach links«, schreit der Dschihadist.

Amina fängt sich eine Ohrfeige ein.

»So behandeln wir die Kinder von Abtrünnigen«, kommentiert er.

Nun ist die Reihe an Mayade und Leila. Sie werden automatisch nach links geschickt.

»Nicht nötig, zu überprüfen, ob die beiden Jungfrauen sind«, macht er sich lustig.

Jetzt trete ich vor. Das Baby halte ich an mich gedrückt, seine Arme liegen um meinen Hals. Es schläft.

»Dein Vorname?«, fragt der Kontrolleur.

»Jinan.«

»Wie alt bist du?«

»18«

»Bist du verheiratet?«

»Ich bin verheiratet.«

»Wie heißt das Baby?«

»Jano.«

»Ist das deines?«

»Das ist mein Sohn.«

»Beweise es!«

»Jano ist mein Kind. Ich habe es in meinem Bauch ausgetragen. Ich habe es mit meiner Brust genährt. Ich erkenne sein Weinen und seinen Geruch mit geschlossenen Augen. Verstehst du?«

»Du lügst, Ungläubige!«

»Ich sage die Wahrheit.«

Er schielt begehrlich auf meine Brust.

»Kann sein, geh nach links mit deinem Baby.«

»Aber ich will bei meiner Familie bleiben!«

»Nach links, habe ich gesagt! Hier wird nicht diskutiert. Du kommst mit uns, mit dem Kleinen.«

Mein Blick kreuzt Randas entsetzten Blick. Sie fleht mich an, ihr das Kind zurückzugeben. Einen Moment zögere ich, aber das geht schnell vorbei. Obwohl ich Jano bereits ins Herz geschlossen habe, gebe ich den Jungen schnell seiner Mutter zurück. Ich danke ihr für ihre unendliche Großzügigkeit und wünsche ihr viel Glück.

Der Dschihadist beginnt zu lachen.

»Aha, ihr dreht euch also gegenseitig die Kinder an! Los jetzt, Schlampe«, ruft er.

Dann spuckt er auf den Boden, betrachtet seinen Speichel und sagt zu mir:

»Du fährst mit den Mädchen nach Mossul.«

Ich warte zusammen mit Amina, Mayade und Leila auf das Ende der Auslese. Gulé und ihre Familie bleiben in der Schule.

Ich habe die alte Frau auf der Decke nicht mehr wiedergesehen. Sie hatte den Mut, dem IS Auge in Auge zu trotzen. Kurz nachdem wir getrennt wurden, ist sie im Kreis ihrer Kinder gestorben. Die stickige Hitze, der Stress und die Erschöpfung haben sie umgebracht. Ihr Herz hat einfach aufgehört zu schlagen. Ein Wachmann hat ihre Leiche in ihre Decke gewickelt, er hat sie auf der Schulter weggetragen und sich ihrer irgendwo in der Nähe des Schulgebäudes entledigt. Er hat sie streunenden Hunden überlassen.

Wieder besteigen wir einen Reisebus. Der IS muss die Fahrzeuge privater Transportunternehmen in der Region beschlagnahmt haben, um seine schmutzige Arbeit zu erfüllen. Er hat sicher die Depots der Reiseunternehmen geplündert, die von Schiiten geführt wurden.

Wir sind etwa 100, die aus Badusch kommend in dem Bus zusammengedrängt werden. Ein beißender und starker Benzingeruch mischt sich unter den schlechten Geruch nach Schweiß. Wir fahren Richtung Osten, überqueren Ölfelder mit ihren Tümpeln dunkler Flüssigkeit, ihren Fackeln und Bohrtürmen.

Ich fühle mich schlecht, habe Kreuz- und Gelenkschmerzen. Und ich habe Fieber.

Ich verstehe nicht, warum der IS mich seit der Massenverhaftung am 4. August von einem Ort zum anderen bringt. Warum werden wir in ständig wechselnden öffentlichen Gebäuden eingepfercht?

Wir erreichen Mossul über eine der Brücken über den Tigris. Die Stadt, die zweitgrößte im Irak, ist die Hauptstadt der Islamisten, seit sie im Juni in die Hände des »Islamischen Staates« gefallen ist. Wie jede irakische Großstadt ist sie grau und glanzlos, schmutzig und verdreckt. Der Verkehr im Zentrum kommt zum Erliegen, sobald die Straßen schmaler werden. Auf den Gehsteigen, die jetzt am frühen Abend überlaufen sind, sehe ich praktisch nur Männer. Einige wenige schwarz verschleierte Frauen in Kleidern sind ebenfalls unterwegs. Ich höre das Megafon eines Kleintransporters Anweisungen ausspucken, die aber nicht zu verstehen sind.

Der Bus parkt neben einer Moschee, die bedeutend zu sein scheint, wenn man nach der Lautstärke der Rufe ihres Muezzins geht. Wir werden zu einem großen zweistöckigen Haus geführt.

Ich ziehe meine Schuhe aus und stelle meine blasslila Turnschuhe auf die Vortreppe. Dann betrete ich einen riesigen Empfangsbereich mit Säulen und einem mit Teppich bedeckten Marmorboden. In dem Raum stehen keinerlei Möbel. Dutzende Frauen sind in dieser Halle mit der hohen Decke versammelt.

Zwischen ihnen laufen Kämpfer umher. Sie scherzen unter dreckigem Gelächter, schlendern auf und ab, ziehen die Mädchen mit den Augen aus, kneifen sie in den Hintern. Einer von ihnen rümpft die Nase.

»Die da hat große Titten, aber ich will eine Jesidin mit blauen Augen. Mit hellem Teint. Das sind anscheinend die besten. Ich bin bereit, einen entsprechenden Preis zu zahlen. So Gott will, werde ich so eine finden. Auf jeden Fall vielen Dank für die Einladung, mein Bruder«, sagt er.

»Du brauchst mir nicht zu danken. Es ist normal, dass wir unsere Beute unter uns Getreuen aufteilen. Du hast recht mit den Augen, ich rate dir aber, auch das Gebiss zu prüfen. Nimm keine, die Karies hat. Bei den Jesiden beginnen die Krankheiten bei den Zähnen«, versichert ihm sein Kumpane.

»Sie sind wie die Fische, sie fangen immer vom Kopf an zu stinken«, sagt der Gast unter schallendem Gelächter.

Wir halten uns nicht lange hier auf.

Die Wachen machen uns nach einigen Minuten ein Zeichen, weiterzugehen. Also bahnen wir uns einen Weg durch den Raum.

»Los, ihr Abtrünnigen, beeilt euch!«, schimpfen die Wachen.

Wir gehen in den ersten Stock hinauf.

»Was werdet ihr mit uns machen? Werdet ihr uns verkaufen? Sagt uns die Wahrheit«, fragt ein Mädchen.

»Wir sind der Islamische Staat und sprechen islamisches Recht. Man wird euch nicht zur Unterwerfung zwingen, ihr sollt es von euch aus machen, ohne Fragen zu stellen. Schlaft jetzt«, antwortet der Wächter.

Doch seine beschwichtigenden Lügen beruhigen niemanden.

Wir werden die Nacht über in einem großen Zimmer eingesperrt, dessen Boden mit Kissen übersät ist.

Mir ist von meinen Bauchschmerzen übel.

Unter den Gefangenen bereitet uns eine gewisse Hayat Sorgen. Sie hört nicht auf, ihren Kopf ständig in einem Rhythmus, der sich gefährlich beschleunigt, hin und her zu wiegen und gibt zunehmend unzusammenhängende Äußerungen von sich. Es ist, als würden in den Kammern ihres Gehirns nach und nach die Lichter ausgehen. Plötzlich schreit sie herzzerreißend und versucht, sich mit ihrem Schal zu erdrosseln. Wir versuchen, sie zu überwältigen, nehmen ihr das Tuch weg. Dann presst sie Daumen und Zeigenfinger auf ihren Adamsapfel, um sich zu ersticken. Wir binden ihr die Hände auf den Rücken. Von dem Lärm alarmiert, taucht ein Wächter auf:

»Lasst sie doch! Soll sie sich doch umbringen! Dann sind wir sie wenigstens los.«

»Lässt es dein Glaube zu, sie ohne Mitgefühl sterben zu lassen?«, fragt ihn eines der Mädchen.

Hayat zittert wie ein Blatt im Wind, schluchzt laut. Der Aufseher besprengt ihr Gesicht mit Wasser.

»Hör auf zu flennen«, sagt er.

Hayat weint vor Erschöpfung.

Den Rest der Nacht verbringe ich im Halbschlaf. Ich habe Krämpfe im unteren Rücken, wie Dolchstiche fährt mir der Schmerz in die rechte Nierengegend. Meine Augenlider sind verklebt. Meine Haut juckt. Brot und Schafskäse werden verteilt. Ich rühre nichts an.

Hayat kauert niedergeschlagen in einer Ecke. Wir haben sie beinahe vergessen.

Als sich jedoch der Aufseher über sie beugt, wirft sich die junge Frau auf ihn. Sie greift nach der Pistole, die an seinem Gürtel hängt. Der Dschihadist stößt sie heftig zurück. Außer sich vor Wut beschimpft er sie:

»Dich werden unsere Brüder holen. Du kommst nach Saudi-Arabien. Man wird dich Verrückte hier niemals wiedersehen!«, brüllt er.

Gegen neun Uhr müssen wir in den Salon hinuntergehen, wo uns ein Geistlicher erwartet, dessen Haar so weiß ist wie sein Bart. Ich bereite mich darauf vor, mit Amina einen weiteren Vortrag über die Vorteile des Konvertierens über mich ergehen zu lassen, aber die Anliegen des Imam sind niederer und rein materieller Art. Er umrundet uns, wobei er uns mit den Blicken auszieht. Fünf Mädchen fesseln seine Aufmerksamkeit. Sie sind jung, nicht älter als 13 Jahre. Sie werden eine nach der anderen gefragt:

»Wie lautet dein Vorname? Bist du zur Schule gegangen? Sprichst du Kurdisch? Arabisch? Kannst du lesen? Und schreiben? Wie viele Schwestern hast du?«

Am Ende der Befragung wählt der Imam drei Mädchen aus. Eine Brünette mit Locken, eine mit endlos langen Beinen und ein dickes Mädchen.

Hier unten wird der Tag durch Besuche strukturiert. Mein Herz schlägt jedes Mal heftig in meiner Brust, sobald mich ein Mann mustert. Kämpfer kommen, um hier ihre Einkäufe zu machen, Händler spielen die Vermittler, Emire inspizieren den »Viehbestand« mit der Selbstsicherheit zufriedener, aber aufmerksamer Besitzer.

Ein Verkäufer taxiert die Pistole eines Kämpfers.

»Ich tausche deine Beretta gegen die Brünette. Wenn du lieber bar zahlst, macht das 150 Dollar, zahlbar in grünen Scheinen. Nein, kleiner Scherz. Du kannst deine irakischen Dinare herausholen.«

Der Käufer mit einem Spitzbärtchen nimmt seine Wollmütze ab, trocknet sich die Stirn und kratzt eine Kruste von seinem kahlen Schädel.

»Meine Pistole bekommst du nicht im Tausch gegen ein Mädchen. Vor allem nicht zu dem Preis. Hast du nichts Billigeres? Man findet bei dir zwar feine, kleine Jesidinnen, aber mein Bruder Sofiane hat mir geraten, am Freitag auf den Sklavenmarkt von Emir Abu Amer in seinem Haus im Viertel Nabi Yussuf zu gehen.«

»Das mit der Beretta war ein Scherz. Bleiben wir aber bei dem Mädchen und ich mache dir einen Preis. 80 Dollar, ist das in Ordnung?«

»50!«

»60!«

»Abgemacht! Von welcher Brigade bist du?«

»Von der Brigade von Emir Abu Ahmad.«

»Die kenne ich nicht, aber möge Gott sie schützen.«

Ich bin so krank, dass ich bitte, nach oben gehen und mich hinlegen zu dürfen. Mein leichenblasser Teint überzeugt den Aufseher.

Als ich das Zimmer erreiche, breche ich wie in Trance auf einem Strohsack zusammen. Ich frage die Mädchen um mich herum;

»Wisst ihr, wo Mayade und Leila sind, meine Cousinen? Eine Kleine mit Locken in grauer Jogginghose und ein Mädchen mit Brille und nach hinten frisiertem Haar? Ich habe sie seit heute Morgen nicht mehr gesehen.«

»Ich fürchte, die wirst du so bald nicht wiedersehen. Sie wurden von einem nicht gerade umgänglichen Alten mitgenommen«, meint eine meiner Nachbarinnen.

»Haben sie irgendetwas gesagt, bevor sie gingen?«

»Nein, er hat sie an den Haaren mitgeschleppt. Sie haben ihn dafür mit den Füßen in die Beine getreten.«

»Weißt du, wie er heißt?«

»Ich habe gehört, wie irgendjemand ihn angesprochen hat … hm … hm … ich glaube Abdullah!«

»Und wohin sind sie gegangen?«

»Woher soll ich das wissen? Ich gehöre nicht zum Daesh.«

Ab jetzt bin ich hier also allein mit Amina, die unten im Empfangssalon geblieben ist.

Ich krümme mich vor Bauchschmerzen. Schreie reißen mich aus meinen düsteren Gedanken.

Eine Gefangene hämmert an die Toilettentür. »Jilan! Jilan! Ich flehe dich an, antworte mir!«

Jilan hat sich eingeschlossen.

Mir ist die Schönheit dieses jungen Mädchens mit den üppigen Formen bereits aufgefallen. »Eine echte Jesidenbombe«, hätte Merza gesagt, Walids Freund.

»Jilan, mach auf,« lässt ihre Freundin nicht locker. »Hilfe! Hilfe!« Der Aufseher versucht, das Schloss mit seinem Messer zu öffnen. Dann ist er es leid und bricht die Tür mit einem Schulterstoß auf, wobei er so viel Schwung hat, dass er auf den Körper der Unglücklichen prallt. Sie liegt leblos in einer Blutlache. Jilan hat sich die Puls- und Knöcheladern mit einer Schere oder vielleicht mit einem Kachelstück aufgeschnitten. Auf jeden Fall ist es ihr gelungen, sich eine Arterie zu durchtrennen.

»Rufen Sie einen Krankenwagen«, fleht eine Stimme.

»Soll sie doch krepieren!«, antwortet der Aufseher.

Jilan erstarrt, verdreht die Augen.

Sie ist auf den Kacheln des Waschraums gestorben. Ihre Leiche wird, in ein Laken gehüllt, abtransportiert.

Der Suizid hat das »Fest« verdorben. Die Besucher werden gebeten, nicht mehr nach oben zu gehen. Mein Zustand ist weiterhin schlecht. Ich bitte um Medikamente.

Am nächsten Tag muss ich wieder ohne eine Erklärung umziehen und ohne dass sich jemand um mich kümmert. Amina reist mit mir.

Beim Hinausgehen beuge ich mich über den Haufen Schuhe, die vor der Eingangstüre verstreut sind, um meine Turnschuhe zu finden. Unmöglich, sie in diesem Durcheinander aufzustöbern. Wahrscheinlich hat eine Gefangene meine Schuhe genommen, nachdem sie ihre verloren hatte. Ich habe keine andere Wahl. Ich werde keine fremden Schuhe nehmen. Ich bin keine Diebin. Also gehe ich barfuß.

Im Pick-up krümme ich mich vor Kreuzschmerzen. Amina tröstet mich, so gut sie kann. Ich dämmere vor mich hin. Wir erreichen, wie man mir sagt, Bahaj, eine Hochburg des IS zwischen Mossul und Syrien. Der Wagen parkt im Hof eines Verwaltungsgebäudes, das von Mitgliedern des »Islamischen Staates« besetzt ist. Die Kämpfer ignorieren uns. Zu Fuß erreichen wir ein einzelnes Haus am Ende eines Weges, der sich in den Feldern verliert. Auf Zehenspitzen schlängle ich mich zwischen Glasscherben hindurch, die auf der Straße verstreut liegen, um an das Tor eines unbeleuchteten Pavillons zu gelangen, ohne mich zu verletzen.

Es wird dunkel. Wir werden in einem Innenhof mit anderen Gefangenen zusammengetrieben. Auch hier machen die Männer ihre Geschäfte. Ich glaube, in der Menge einen Kämpfer im schwarzen *kameez* zu erkennen, der von vielen umringt wird. Er steht mit dem Rücken zu mir. Als er sich umdreht, erschaudere ich. Es ist tatsächlich Emir Abu Moussa mit seiner Leibwache. Er trägt die Waffe, mit der er auf mich gezielt hat. Ich vermeide es, seinem Blick zu begegnen. Er hat mich nicht gesehen oder nicht erkannt. Mit komplizenhaftem Blick grüßt der Emir hier und dort Bekannte.

Ein kleiner Dicker von etwa 30 Jahren mit langem Haar und schwarzem Bart nimmt ihn in Beschlag: »*Kaif hâlak*? Wie geht's?« fragt er. Die beiden Männer umarmen sich überschwänglich und tauschen Neuigkeiten über ihre Lieben aus wie zwei Freunde, die sich länger nicht gesehen haben.

»Ich brauche zwölf Mädchen«, lächelt der kleine Dicke.

»Bedien dich, Abdallah, mein Freund«, meint der Emir gutmütig und hebt die Hände. »Du kannst nehmen, wen du willst, nur die nicht: Die ist für mich reserviert«, sagt er und deutet auf eine Jugendliche mit Mannequin-Figur. »Niemand rührt sie an. Privatbesitz.«

Die hinreißende Braunhaarige sitzt an die Wand gelehnt, Arm in Arm mit einer Jugendlichen mit grün-grauen Augen und einer etwa vierzigjährigen Frau.

»Also los, gehen wir«, sagt er und klatscht in die Hände. »Wie heißt du?«

»Sherine.«

»Also gut, Sherine, beeile dich!«

»Ich gehe nicht ohne meine Schwester und meine Tante. Meine Schwester ist noch so jung und meine Tante ist behindert: Sie ist taubstumm. Die beiden brauchen mich. Ich kann sie nicht im Stich lassen. Nehmen Sie sie mit.«

»Deine Schwester? Eine Stumme? Sonst noch was. Ich werde sie umlegen, wenn du mich weiter mit deinen Geschichten belästigst.«

Wütend zieht Abu Moussa seine 9-mm-Parabellum-Pistole aus dem Halfter. Mit einer schnellen Bewegung richtet der Emir die Waffe auf den Nacken der Tante.

»Du hast es gehört: Ich werde sie töten.«

»Dann töte uns alle drei. Los, schieß doch.«

Abu Moussa seufzt. »Ich werde den Befehl geben, für die beiden anderen ein Haus zu finden. Du steigst in meinen Geländewagen und wartest auf mich. Ich erledige noch ein Problem mit meinem Freund Abdallah, dann komme ich. Hisham, kümmere dich um sie«, sagt er zu seinem Leibwächter.

Abdallah tuschelt mit zwei Männern im *kameez*. An ihren Blicken errate ich, dass es um mich geht oder zumindest um die jungen Mädchen, die zusammen mit mir ihnen gegenüber in einer Reihe auf Bänken sitzen.

Abdallah erinnert mich an die Schafhändler, die bei uns im Dorf an den Markttagen auftauchten. Er hat keine Moral, aber dafür ein großes Mundwerk. Er deckt sich bei seinem Freund, dem Emir, mit

Ware ein und verkauft sie dann einzeln oder gruppenweise weiter. Seine beiden Kunden möchten sechs Mädchen. Das trifft sich gut, denn er hat gerade zwölf gekauft. Ich gehöre zur ersten Gruppe für die ersten beiden Käufer, Amina zum zweiten Kontingent.

Die Schergen versuchen, ihre Beute gewaltsam mitzunehmen. Bei jedem Versuch, jemanden herauszuziehen, werden sie von einer Gruppe Mädchen zurückgestoßen, die wie zusammengeschweißt sind, bereit zu kratzen und zu beißen. Ich aber bleibe niedergeschlagen auf der Bank sitzen, unfähig, mich der Revolte anzuschließen. Das Einsammeln entwickelt sich zu einer Schlägerei. Abu Moussa ist außer sich.

»Es reicht jetzt«, knurrt er.

Brutal bringen seine Männer uns in ihre Gewalt.

»Sie können sie nicht mitnehmen, sie ist zu krank. Sie wird Ihnen nur zur Last fallen. Bringen Sie sie in ein Krankenhaus«, fleht Amina.

Abu Moussa dreht sich zu mir um. Ich bin wie versteinert, wie am Tag der Entführung am Straßenrand.

»Lasst sie behandeln. Abdallah, du schenkst sie meinen Männern, aber erst, wenn sie gesund ist. Man soll die Ware nicht verderben«, entscheidet er, hat es eilig, die Sache abzuschließen und zu Sherine in sein Auto zu kommen.

Die Käufer nicken, wobei sie ihre Enttäuschung hinter lautem Lachen verbergen.

»Die hätte ich mir schon zurechtgebogen«, klagt einer der beiden Männer.

»Man muss sie nur durch die kleine Amina ersetzen«, schlägt sein Kumpan vor.

»Bedaure, euch enttäuschen zu müssen, meine Brüder. Sie ist bereits reserviert. Sie reist heute Nacht nach Syrien«, unterbricht Abdallah.

»Warte mal! Wir haben bezahlt. Wir wollen unsere sechs Mädchen. Nicht eine weniger«, beharren die Käufer.

»Na gut, dann nehmt eine andere«, antwortet der »Viehhändler« und drängt sie hinaus auf den Flur.

Falls der Emir mich wiedererkannt hat, lässt er sich nichts anmerken. Ich bedanke mich bei Amina dafür, dass sie Abu Moussa so weit gebracht hat, meiner Krankenhauseinweisung zuzustimmen.

Ich weiß nicht, wie ich Amina trösten soll. Ihre Deportation nach Syrien ist eine schreckliche Prüfung. Sie ist noch so jung, so hilflos. Amina hat mir vielleicht das Leben gerettet, aber ich kann für sie nichts tun. Ich umarme sie zärtlich.

Ich spreche noch ein paar letzte Worte in einem vergeblichen Versuch, sie zu beruhigen, aber sie hört mir nicht mehr zu. Mit geschlossenen Augen versucht sie, ihre Ängste zu bezähmen, die ihr buchstäblich die Luft zum Atmen nehmen. Ihr Gesicht ist in einem Ausdruck des Entsetzens verzerrt, den ich noch nie gesehen habe. Kaum hat sie mir den Rücken zugedreht, breche ich zusammen.

Ein Fahrer mit Pickelgesicht und langen Stoppeln am Kinn soll mich in einem weißen Ford in die Notaufnahme des Krankenhauses bringen. Ich sitze neben ihm, und er hat misstrauisch die Türen verriegelt.

Links von mir, zwischen den beiden Vordersitzen, sehe ich den Knopf für die Zentralverriegelung. Beim ersten Halt werde ich versuchen abzuhauen.

»Du brauchst gar nicht daran zu denken, wegzulaufen, das ist zwecklos«, sagt er. »Du wirst in Bahaj niemanden finden, der dir hilft. Diese Stadt hat sich uns komplett ergeben. Stattdessen kann ich dir etwas anderes vorschlagen. Wenn du wieder aus dem Krankenhaus abgeholt wirst, sagst du, dass ich dich ausgewählt habe und du mich auch willst!«

»Sonst noch was? Ich werde weder mit dir noch irgendeinem anderen gehen.«

»Ich mache dir dieses Angebot nur zu deinem Vorteil. Du kannst konvertieren und mich heiraten. Ohne mich bist du verloren, du wirst dahinsiechen. Du kannst annehmen oder es sein lassen!«

»Dann lasse ich es lieber!«

»Du solltest mir lieber vertrauen. Ich kenne jemanden, der ist Jeside wie du. Wir rufen ihn an und er wird es dir erklären.«

Der Fahrer reicht mir sein Handy.

»Du kannst mit Kano kurdisch sprechen. Ich verstehe eure Sprache nicht, aber das stört mich nicht.«

Kano ist Jeside, aber er ist zum Gesetz des Stärkeren, also zum Islam, übergetreten, der vom »Islamischen Staat« propagiert wird, und bedauert es nicht. Er rät mir, es genauso zu machen und das Angebot seines Freundes anzunehmen. Ich würde dabei nichts zu bereuen haben. Er bietet sogar an, mir dabei zu helfen, meine Familie wiederzufinden. Dennoch lehne ich sein Angebot ab. Ich bezweifle, dass er wirklich Jeside ist.

»Mein Freund kann dir aus der Patsche helfen«, lässt er nicht locker. »Du solltest nicht so unfreundlich zu ihm sein. Daesh besetzt unsere Dörfer, und wir müssen jetzt eben Kompromisse schließen. So ist es nun mal. Du solltest seinen Vorschlag annehmen. Vielleicht kannst du dir später einmal deine Freiheit zurückkaufen.«

Ich breche das Gespräch ab, ohne noch etwas dazu zu sagen.

Bitter enttäuscht setzt mich mein Fahrer ohne ein weiteres Wort am Kontrollposten des Frauenkrankenhauses ab, der von zwei islamistischen Wachen besetzt ist. Wir gehen durch den Flur der Notaufnahme, der mit Krankenbahren überfüllt ist. Die Patienten sehen mich an, während ich zwischen ihnen hindurchgehe, als käme ich von einem anderen Stern. Ihre Neugier ist von Misstrauen geprägt. Ich trage weder die *abaya*, das einteilige schwarze Kleid, noch den *niqab*, noch die vorschriftsmäßigen Handschuhe. Ich bin eine Gefangene. Ein verachtenswertes Wesen.

Eine Krankenschwester bringt mich in einem Vierbettzimmer unter, in dem ein Bett mit einer alten Frau belegt ist. Das medizinische Personal scheint die islamistische Unerbittlichkeit nicht übernommen zu haben.

Dr. Zohra trägt ein beiges Kopftuch, unter dem ein paar graue Haarsträhnen hervorschauen. Ihre beiden männlichen Kollegen haben einen Oberlippenbart. Sie stellt mir einige Fragen, während sie mich untersucht. Ich erzähle von der stickigen Hitze tagsüber und den kühlen Nächten, von dem Zementboden, der von unseren Peinigern mit Wasser begossen wurde, sodass wir in Wasserpfützen liegen mussten, vom Durst, vom Hunger, von der Müdigkeit und der Mutlosigkeit, von der Erschöpfung und Angst, der mangelnden Hygiene, meiner Weigerung, mich zu waschen, und von den ekelhaften Toiletten.

Mein Husten geht mit Auswurf einher und ist schmerzhaft, mein Blutdruck ist zu niedrig, meine Temperatur erhöht. Als mein Bauch abgetastet wird, schreie ich vor Schmerz.

Das Urteil fällt nach einer halbstündigen Untersuchung.

»Du leidest an einer Nierenentzündung. Du hast multiple Entzündungen mit Komplikationen, die sich auf Darm und Lunge auswirken. Die Situation wird durch deinen psychischen Zustand verschlechtert. Du wirst eine intravenöse Behandlung mit Antibiotika bekommen und dich vor allem ausruhen, um wieder zu Kräften zu kommen. Du musst beatmet und über eine Sonde ernährt werden. In diesem Zustand können wir dich nicht wieder gehen lassen.«

Mit schwacher Stimme bitte ich Dr. Zohra, meine Schwäche zu entschuldigen. Sie beugt sich über mich und lächelt, wobei sie einen zahnlosen Mund enthüllt. Reflexartig zucke ich zurück.

»Ich habe meine Zähne vor bald zwei Monaten verloren. Man hat mich geschlagen. Man hat mich niedergeschlagen und mir mit Füßen ins Gesicht getreten«, seufzt sie. Dann fährt sie fort: »Ich bin Schiitin. Ich bin eine Gefangene wie du. Mein Mann wurde vor meinen Augen enthauptet. Die Mörder des IS haben mich gezwungen, seinen Qualen zuzusehen. Der Henker hat ihm mit einem Säbel beide Arme abgetrennt, einen nach dem anderen. Dann hat er den Kragen seines weißen Hemdes geöffnet und ihm den Kopf abgeschlagen. Sein Kopf ist mir vor die Füße gerollt.«

In meinem Zimmer fühle ich mich wie in einer sicheren Luftblase. Langsam erhole ich mich. Der Stress fällt etwas von mir ab, auch wenn die Aussichten nicht glänzend sind. Ich werde gut bewacht. Ein bewaffneter Aufseher kommt in regelmäßigen Abständen vorbei. Routinemäßige Kontrollgänge, mit denen man nicht nur mich, sondern auch die drei schiitischen Ärzte überwacht. Es ist mir verboten, das Zimmer ohne vorherige Erlaubnis zu verlassen. Oft muss ich minutenlang immer wieder an die Türe klopfen, bevor eine Krankenschwester es wagt, mir zu öffnen und mich auf die Toilette gehen zu lassen. Sobald ich den Kokon meines Zimmers verlasse, scheine ich eine Aussätzige zu sein. Sogar als Kranke werde ich wie ein unheilbringendes Wesen betrachtet. Dr. Zohra kann meinen Körper behandeln, aber sie kann mir nicht die Freiheit zurückgeben. Ihr Bruder ist im Gefängnis.

»Wenn ich dir zur Flucht verhelfe, werden sie meinen Bruder töten, und sobald sie mich nicht mehr brauchen, auch mich umbringen. Sie lassen mich nur am Leben, weil es so viele Verletzte gibt.«

Meine Zimmernachbarin spricht unaufhörlich von ihrem einzigen Sohn, den sie gern wiedersehen würde. Sie hat es abgelehnt, ihm, seiner Frau und seinen Kindern am Tag des Exodus zu folgen. Sie fand sich zu alt dafür, in der Gluthitze die Hänge des Sindschar-Gebirges hochzusteigen. Sie dachte, der IS werde sie in Ruhe lassen. Damit hatte sie sich nicht getäuscht, aber sie hatte nicht vorhergesehen, dass sie krank werden würde. Von Nachbarn verständigt, haben Mitglieder des IS sie ins Krankenhaus gebracht. Wir werden Freundinnen. Ich teile mit ihr die kleinen Kuchen, die mir die Ärzte schenken.

Nach einer Woche kündigt mir die schiitische Ärztin an, dass sie und ihre beiden Kollegen versuchen werden, meinen Aufenthalt zu verlängern, obgleich sich mein Zustand gebessert hat. Das Team wird dem Krankenhausdirektor vorschlagen, mich nach meiner Genesung als Stationshilfe zu beschäftigen. Sie ist bereit, denen, die mich gefangen halten, eine Entschädigung zu zahlen. Im Klartext wollen sie mich dem Emir Abu Moussa mit Zustimmung des Sanitätsdienstes abkaufen.

Ich falle ihr um den Hals, aber meine Freude währt nicht lange. »Sie können sie nicht kaufen. Der IS hat uns mitgeteilt, dass diese Gefangene bereits vergeben ist! Es tut mir leid«, verkündet der Direktor.

Dr. Zohra ist der Meinung, dass der Chef vor allem keiner Bitte seiner schiitischen Ärzte nachkommen möchte, die er mangels kompetenten Personals in seinem Krankenhaus beschäftigt. Als aufrichtiger Anhänger des »Islamischen Staates« verabscheut er sie.

Am nächsten Tag platzt Abdallah, der »Viehhändler«, ins Zimmer, flankiert von zwei Islamisten, einem etwa dreißigjährigen Kraftprotz, der sich Abu Anas nennt, und einem gewissen Abu Omar, einem Vierzigjährigen mit kantigem Gesicht.

»Sie gehört euch«, sagt Abdallah.

»Komm mit«, stößt Abu Omar hervor, anstatt sich vorzustellen.

Ich bitte um ein paar Minuten Aufschub. Abdallah verzieht sich. Abu Anas und Abu Omar warten auf dem Flur auf mich, ihre »Kriegsbeute«. Ich verabschiede mich von den Ärzten und umarme Dr. Zohra. »Wenn du es nicht mehr aushältst, stell dich krank, dann versuche ich, mich um dich zu kümmern und dich da herauszuholen«, sagt sie zu mir.

Ein blauweißes Auto, auf dessen Motorhaube »Islamische Polizei« steht, erwartet uns vor dem Krankenhaus. Es ist das Auto von Abu Anas, einem hässlichen, mürrischen Kerl. Er fährt wie ein Verrückter. Sein Begleiter behauptet, Imam zu sein.

Ich frage mich, wie viel sie wohl für mich bezahlt haben.

Kapitel 5
IM SCHLUPFWINKEL
DER UNMENSCHEN

Meine neuen Gebieter: Abu Anas,
der Polizist, und Abu Omar, der Imam —
Der Pakt der sechs Gefangenen —
Wasser, in dem Mäusekadaver schwimmen —
Die Konversion

Ich bin nun keine verheiratete Frau mehr, sondern eine Sklavin. Meine Gebieter sitzen vor mir im Auto, das mich in ein völlig zurückgezogenes Leben entführt. Wir rasen auf einer langen, geraden und verlassenen Landstraße dahin. Der Tacho zeigt ständig 160 km/h an.

Abu Anas drückt aufs Gaspedal, während Abu Omar die Gebetskette zwischen den Fingern bewegt. Sie plaudern während der Fahrt, ohne das Wort an mich zu richten. Ich kauere auf der Rückbank und existiere gar nicht.

An diesem Freitag haben die beiden Kämpfer nach dem Verlassen der Moschee in einem der Häuser von Emir Abu Moussa vorbeigeschaut, wo Abdallah, der »Viehhändler«, regelmäßig seinen Markt abhält. Sie haben diesmal sechs Frauen gekauft. Die ersten fünf Mädchen sind bereits in der Villa des Polizisten und des Geistlichen eingetroffen. Ich vervollständige jetzt das Waren-kontingent.

Abu Anas und Abu Omar reden arabisch. Sie sind offenbar davon überzeugt, dass eine junge Kurdin nur Kurdisch versteht. Ich lasse sie in dem Glauben.

»Heute war der Tag des Verteilens, so hat es Allah gewollt«, freut sich Abu Anas.

»Wir haben unseren Teil genommen: für jeden drei! Ein Mann kann nicht mehr als drei Frauen erwerben, wenn er nicht aus Syrien, der Türkei oder einem Golfstaat stammt. So ist es nun mal«, meint Abu Omar.

»Ich weiß wirklich nicht, warum diese Ausländer auf mehr Frauen Anrecht haben als wir. Verstehst du das?«

»Nein! Diese Frage müssten wir dem Büro für Forschung und Fatwa stellen, aber ich bin nicht sicher, dass diese Regel *halal* ist.«

»Meiner Meinung nach sollen damit die Geschäfte gefördert werden. Ein saudischer Käufer hat Transport- und Verpflegungs-kosten, die ein Mitglied des Islamischen Staates in Mossul nicht hat. Er genießt daher den Vorteil einer höheren Quote, damit seine Käufe gewinnbringender werden. Das ist ein guter Deal: Das Finanzamt des Islamischen Staates steigert seine Einkünfte, um die Mudschahedin zu unterstützen, und unsere ausländischen Brüder kommen voll auf ihre Kosten.«

»Um das Kalifat zu stärken, muss unbedingt Geld in den Kas-sen sein. Du hast ja gehört, dass wir unser Geld bald bekommen werden! Gold-, Silber- und Kupfermünzen. Der *diwân bait al-mâl*, die Staatskasse kümmert sich darum. Anscheinend wird eine Gold-Dinarmünze mit sieben Ähren geprägt. Kennst du die Sure *al Baqara*?«

»Nein.«

»Wer sein Vermögen auf Allahs Weg ausgibt, gleicht einem Korn, aus dem sieben Ähren wachsen, von denen jede 100 Körner trägt. Denn Allah belohnt seine Auserwählten mit einem Vielfachen und Allahs Gnade ist unermesslich. Er weiß alles.«

»Masha Allah la quwwata illâ billâh wa Al Hamdoulillah. Um auf unser Geschäft zurückzukommen, ich glaube, wir haben eine gute Wahl getroffen. Es war richtig, nicht länger zu warten. Viele Mädchen sind nach Syrien aufgebrochen oder wurden am Tag nach unserem Sieg in Sindschar an die Kämpfer verteilt. Bald wird es nur noch zweite Wahl geben, hässliche, ältere oder verbrauchte Frauen in schlechtem Zustand, die von den Brüdern verkauft werden, um sie loszuwerden.«

»Du hast recht, Bruder. Und wir werden unsere nun erziehen. Schau, wir sind in Rasty angekommen.«

Das Polizeiauto passiert langsam eine von der Miliz kontrollierte Sperre und fährt anschließend durch eine Geisterstadt. Das Haus der beiden Dschihadisten »gehört« dem »Islamischen Staat«. So steht es in großen Buchstaben auf dem Tor. Dort ist auch zu lesen »Anwesen von Abu Anas«. Der Polizist fährt das Auto in die Garage.

Eine Wache öffnet uns die Schranke zum Innenhof. Er hinkt mit dem rechten Bein, entweder als Folge einer Verwundung oder einfach aufgrund einer Krankheit. Er heißt mit Vornamen Houssam. Ich folge ihm, barfuß.

In der Villa bilden die jungen jesidischen Mädchen ein herzliches Willkommenskomitee. Wir umarmen uns. Sie lassen mich auf der Bank in einem großen Salon Platz nehmen und reichen mir ein Glas Wasser.

Ich erkläre, wie ich hierher gekommen bin: Gefängnis, Sammelzentren, verschiedene Häuser, Krankenhaus.

»Leider werden wir wohl noch reichlich Zeit haben, uns besser kennenzulernen«, unterbricht mich Naline, eine Frau mit dunkelgrauen Augen, die älter ist als ich. »Ich zeige dir das Erdgeschoss. Uns ist offiziell verboten, ohne Genehmigung die Treppe nach oben zu gehen. Die obere Etage ist den Männern vorbehalten. Wenn sie weggehen, sperren sie oben ab.«

Naline übernimmt die Rolle der »Gefängnis-Chefin«. Ich folge ihr. Unsere Etage besteht aus fünf Zimmern, einer Küche und einem Badezimmer. Luxuriöse Ledersofas und Stoffsofas befinden sich im Wohnraum. An der Wand hängt ein Fernseher mit Plasmabildschirm in XXL-Größe. »Gib dir keine Mühe, ein gutes Programm zu suchen, wir können hier nur einen islamischen Sender empfangen.« Der kleine Wohnraum ist mit einem Radiogerät für religiöse Sendungen ausgestattet. »Es ist hier wie in einem Gefängnis.«

Das erste Zimmer ist unser Gemeinschaftsraum. Das Mobiliar des zweiten beschränkt sich auf ein Bettgestell und einen kaputten Schrank. Das dritte enthält einige Schaumstoffmatratzen und Decken, um durchreisende Gäste zu beherbergen. Im Bad gibt es fließendes Wasser, die Küche ist mit einem fast neuen Gasherd und einem riesigen Gefrierschrank ausgestattet, in dem zwei ganze Schafe Platz finden würden.

In der Villa hat ursprünglich eine jesidische Familie gewohnt. Bevor sie vom IS seinen ergebenen Dienern zugewiesen wurde, ist sie geplündert worden. Die Plünderer haben Möbel und Ausstattung unangetastet gelassen, dafür jedoch sorgfältig jede Spur der früheren Bewohner ausgelöscht. Persönliche Gegenstände, Kleidung und Dekoration sind verschwunden. Hier und da lassen einige Indizien Rückschlüsse auf die früheren Bewohner zu: eine vergoldete Haarnadel, eine Brille mit dicken Gläsern in einer Schublade und – eine tolle Überraschung für mich – ein Paar Turnschuhe in einem Schrank. Ich probiere sie und seufze vor Erleichterung, denn sie passen mir.

»Wir sind Gefangene, aber wir haben ein Minimum an Komfort in diesem Haus, das Jesiden gestohlen wurde, sogar Strom. Das Dorf liegt im Dunkeln, auf dem Mobilfunkmast wurde jedoch ein provisorischer Anschluss installiert, hat mir der Aufseher erklärt. Die Bastelei scheint zu funktionieren. Nimm dir eine Schaumstoffmatratze und eine Decke und such dir im Gemeinschaftsraum einen Platz aus. An Platz mangelt es nicht. Ruh dich aus! Wir sprechen später weiter. Ich muss dir viele wichtige Dinge sagen.«

Ich habe meinen Schlafplatz im Schlafraum eingerichtet und mich hingelegt. Es geht mir besser, aber meine Gesundheit ist weiterhin labil. Dem Schlimmsten bin ich entkommen. Meine Nieren sind wieder gesund, aber die wiederholten Infektionen haben mich erschöpft. Psychisch befinde ich mich an einem Tiefpunkt. Ich hatte gehofft, bei den Ärzten bleiben zu können, aber mein Traum ist zerplatzt. Es deprimiert mich, dass ich nun wieder Sklavin bin. Ich bin Gefangene in dem Schlupfwinkel der beiden Dschihadisten. Ich habe das Foto meines einstigen Glücks aus meinem BH gezogen, denke an Walid und weine, wie ich seit meiner Entführung auf der Straße nicht mehr geweint habe. Seit dem Raub sind aber mindestens zwei Wochen verstrichen. Ich bin verzweifelt.

»Tränen bringen Erleichterung, aber sie sind keine Hilfe. Unsere Besitzer haben keinerlei Mitleid, fürchte ich.«

Naline hat sich im Schneidersitz neben mich gesetzt, sie lächelt wohlwollend. Ich erzähle ihr von meiner Hochzeit mit Walid und wie sehr er mir fehlt. Sie ist trotz ihrer 25 Jahre ledig, ein Alter, in dem Jesidinnen in der Regel schon lange unter der Haube sind. Sie lebte bei ihren Eltern in Erbil, lässt sich zu dem Thema jedoch nicht weiter aus. Ihr Bruder, mit dem sie häufig über das Internet kommunizierte, wohnt in Deutschland.

»Wir waren Hunderte von Gefangenen und sind jetzt nur noch sechs. Jede einzelne von uns muss wissen, dass ihre Situation noch schlimmer wird, wenn sie sich isoliert. Wir müssen solidarisch sein, wenn wir eine Chance haben wollen, hier herauszukommen. Wir müssen gemeinsam Widerstand leisten. Ich habe mit den anderen Mädchen einen Pakt geschlossen. Bist du bereit, dich mit uns zu verbünden?«

»Einverstanden!«

»Schwöre es!«

»Ich schwöre es!«

»Ich glaube, dass wir gute Freundinnen werden«, freut sich Naline.

Ihre starke Persönlichkeit beruhigt mich. Sie gehört zu dieser bei uns eher seltenen Art Frauen, die den Männern offen die Stirn bieten. Naline hat Chef-Qualitäten.

Nun lerne ich meine Gefährtinnen der Gefangenschaft kennen, die »Mädchen des Paktes«. Die meisten kommen aus dem Galaxy Center in Mossul, einem Veranstaltungssaal, wo genau wie in Badusch etwa 1000 Frauen zusammengepfercht waren.

Djamila ist geheimnisvoll und zurückgezogen. Sie studierte im vierten Jahr Literatur an der Universität in Mossul. Im Juni, kurz vor der kompletten Übernahme der Stadt durch den IS, wurde sie aus der Universität evakuiert. Ein irakisches Militärkommando, das von unserer Parlamentsabgeordneten Vian Dakhil in aller Eile mobilisiert worden war, holte sie mit rund 400 jesidischen Kommilitonen aus dem Wespennest der Dschihadisten. Daraufhin kehrte sie in ihr Dorf zurück, wo sie im August vom IS einkassiert wurde.

Hevy ist Friseurin. Sie arbeitete im Salon ihres Bruders. Ihre langen Haare fallen in zwei dicken Zöpfen über ihren Rücken. Hevy ist hübsch. Die Iris ihrer Augen hat die Farbe von Honig, ihre Haut ist gebräunt und sie hat eine Hakennase.

Mit ihren 27 Jahren ist Bouchra die Älteste in der Gruppe. Sie ist schüchtern und unscheinbar. Die fünfzehnjährige Evara ist die Jüngste und die Heulsuse in unserem Club. Sie ist sehr empfindsam und nimmt alle schlechten Nachrichten, an denen es hier keinen Mangel gibt, mit Tränenfluten auf. Naline mokiert sich über sie.

»Sie ist noch schlimmer als du«, sagt sie. »Sie sollte versuchen, nicht gleich loszuheulen, wenn Abu Anas ihr eine Ohrfeige gibt, denn sonst wird er ihr beim nächsten Mal gleich zwei verpassen. Die Berufsheulerinnen sind wie die Prostituierten: Sie üben das älteste Gewerbe der Welt aus. Unsere Besitzer wollen uns weinen sehen und Sex haben. Das ist ihr Ding. Lass uns da nicht mitspielen. Wir wollen ihnen ihre kleinen Vergnügen nicht gönnen. Wir leisten Widerstand!«

Am Abend schlafe ich ein, kaum dass ich die Augen geschlossen habe. Ich habe Abu Anas und Abu Omar nicht zurückkommen hören. Sie sind gleich nach oben gegangen und heute Morgen in der Dämmerung wieder aufgebrochen.

Es ist 20 Uhr, als sie in unserem Zimmer auftauchen.

»Es wird zu spät mit dem Abendgebet, aber um das Morgengebet kommt ihr nicht herum«, brummelt Abu Omar. »Erst einmal haben wir Hunger. Du da, die Jesidin aus dem Krankenhaus, bring uns etwas zu essen. *Yalla, yalla*!«

Wir haben ein Gericht der irakischen Küche zubereitet: sechs Kebabrollen mit Schaffleisch und Reis, ein Salat aus Zwiebeln, Gurken und Tomaten und Fladenbrote aus Weizenmehl. Ich klopfe an ihre Tür. Naline begleitet mich.

»Was machst du denn da? Geh sofort wieder runter!«, fährt Abuu Anas meine Freundin an. »Wir haben gesagt, wir wollen bedient werden von ... wie heißt du gleich wieder?«

»Jinan.«

Ich verteile Teller und Besteck, biete an, die Cola-Dosen zu öffnen, und trete ein paar Schritte zurück. Abu Anas nutzt die Gelegenheit, mir in den Hintern zu kneifen. Ich stehe in der Nähe des Fensters, den Blick gesenkt, die Arme über der Brust verschränkt. Sie vergessen mich und konzentrieren sich auf das Essen. Abu Anas isst genauso schnell, wie er Auto fährt. Abu Omar steht ihm in nichts nach. Er schlägt sich den Bauch ebenso schnell voll wie sein Kamerad und schafft es sogar, eine noch eindrucksvollere Menge auf einmal in den Mund zu schieben. Der Polizist zieht eine Grimasse:

»Diese Jesidinnen haben nicht gelernt, wie man Fleisch richtig zubereitet. Kebab wird außen leicht verbrannt serviert, damit es knusprig ist und innen rot. Es muss noch blutig sein, Jinan!«

Ich nicke bestätigend.

»Brauchen Sie noch etwas?«

»Nein, zieh Leine! Räum ab und geh! Und vergiss vor allem nicht: Wir werden gleich beten.«

Die Mädchen sind erleichtert, als sie mich zurückkommen sehen. Vermutlich dachten sie, die beiden würden mich vergewaltigen.

»Meine Lieben, ab sofort essen die ihr Kebab außen verbrannt, schwarz wie Kohle, und innen roh. Anweisung von oben.«

Wir prusten los.

»Hast du Arabisch mit den beiden Unmenschen gesprochen?«, fragt Naline.

»Ja, ein paar Worte!«

»Schade, es wäre mir lieber gewesen, sie dächten, ich und Djamila wären die Einzigen, die ihre Sprache sprechen. Ich will ihre Ansprechpartnerin sein. Es ist besser, ihnen keinen Anknüpfungspunkt zu bieten und mit einer einzigen Stimme zu sprechen, aber macht nichts, das passt schon.«

Morgens um vier Uhr rufen die beiden Abus auf dem Flur.

»Aufstehen, ihr da drinnen! Zeit für das Morgengebet.«

Sie haben das Licht in unserem Zimmer eingeschaltet, eine sehr helle Glühbirne, die an einer Schnur von der Decke hängt.

Abu Anas trägt einen schwarzen *kameez*, eine schwarze Hose und hat sich einen schwarzen Turban um die Stirn geschlungen. Abu Omar ist in einen weißen *kameez* und eine weiße Hose gekleidet und trägt einen weißen Turban. Man könnte meinen, dass sie sich abgesprochen und die Kleider getauscht haben. Gestern war der Polizist in Weiß und der Geistliche in Schwarz gekleidet. Beide tragen eine Pistole und einen langen Ledergürtel.

Wir reagieren nicht, bleiben bei unserer Weigerung. Also verschwinden sie erst, um kurz darauf mit Holzknüppeln wiederzukommen, die sie im ersten Stock geholt haben. Wir beziehen eine Tracht Prügel. Abu Omar ereifert sich:

»Idiotenbande. Der Islam ist die Religion des Rechts und der Gerechtigkeit. Vergesst euern alten, primitiven Glauben, eure Erziehung als Ungläubige. Ihr müsst beten. Ihr müsst gute Musliminnen werden.«

Nun bekommt die kleine Evara eine Abreibung. Ich versuche, sie zu schützen. Ich werde am Nacken getroffen, verliere das Gleichgewicht und stürze schwer. Ich krieche über den Boden. Abu Anas schaut mich angewidert an.

»Diese Abtrünnige ist ein echter Sturkopf. Das habe ich schon im Krankenhaus gemerkt.«

»Die Lektion ist beendet, bis wir wiederkommen. Jetzt habt ihr Zeit zum Nachdenken, falls ihr überhaupt ein Gehirn habt«, meint Abu Omar genervt.

Das Zimmer gleicht einem Schlachtfeld, auf dem das Stöhnen der Verwundeten zu hören ist. Bouchra und Naline stehen wieder auf. Djamila und Evara halten ihre Schmerzen auf dem Boden.

Ich bin wie betäubt. Hinter meinem Ohr blute ich. Bouchra säubert die Wunde mit einem Desinfektionsmittel. Vom Schmerz gelähmt halten wir »Kriegsrat«. Es kommt nicht infrage, dass wir konvertieren. Wir sind bereit, lieber zu sterben als einzuknicken. Wer nicht mehr mitmacht, wird aus der Gruppe ausgeschlossen.

Am späten Vormittag tauchen die beiden Abus wieder zum Mittagsgebet auf, bewaffnet mit Stahlknüppeln und Baukabeln, die sie im Hof gesammelt haben. Wieder fangen sie an, uns zu misshandeln. Ich versuche, den Schlägen auszuweichen und meinen Kopf zu schützen.

Die Strafaktion wird durch Houssam, den Aufseher, unterbrochen:

»Chef, man erwartet Sie im Schloss.«

Der Ausbruch an Hass endet. »Schloss« heißt die Villa gegenüber, die ein heimliches Zentrum des IS ist. Abu Anas und Abu Omar lassen ihre Kabel fallen und machen sich in gestrecktem Galopp davon, nicht ohne uns einzuschärfen, dass sie zurückkommen werden.

Das »Schloss« des IS wirkt wirklich wie ein Palast: Es ist der ehemalige Wohnsitz eines reichen Jesiden aus Rasty. Das rote Gebäude in extravaganter Architektur mit prahlerischen Türmchen und verspielten Ornamenten lässt nach außen hin nichts von einer militärischen Nutzung erahnen. Am Giebel des Gebäudes hängt keine schwarze Fahne, und es stehen auch keine gepanzerten Fahrzeuge im Hof. Als ich mit dem Auto hier ankam, habe ich jedoch Männer im Drillich hinein- und hinausgehen sehen. Und wenn wir im Hof die Ohren spitzen, hören wir Autotüren schlagen und Motorengeräusche.

Abends sind die Unmenschen zurück, und die Gewalt wird zur Gebetsstunde bei Sonnenuntergang fortgesetzt. Die Zeremonie beginnt mit einer Flucht über die Flure. Wir versuchen, unseren

Angreifern zu entkommen, die uns schließlich in der Küche oder in den Zimmern einholen.

»Solange ihr euch weigert zu beten, seid ihr unsere Feinde, dann werden wir auch kein Mitleid haben«, warnt uns Abu Omar.

In der Nacht kann ich mich wegen der Blutergüsse nicht in meinem Bett umdrehen.

Am nächsten Tag geht die Marter weiter. Morgens und abends schlagen sie uns in dem Gefühl, ihre islamische Pflicht zu erfüllen.

Naline, unsere »Sprecherin«, versucht, sie zur Vernunft zu bringen:

»Ihr behandelt uns ohne jeglichen Respekt, ihr unterdrückt uns zu eurem Vergnügen, schlagt uns, seid bereit, uns zu töten, aber unsere Seele werdet ihr niemals bekommen!«

»Ach was, ihr habt eine Seele! Das ist ja toll! Informiert unseren Kalifen, verständigt Abu Bakr al-Baghdadi! Die gefangenen Jesidinnen haben eine Seele«, spottet Abu Anas.

»Ihr werdet es nicht schaffen, uns zu verändern. Wir werden unserem Glauben nicht abschwören. Wir sind schon immer Jesidinnen.«

Abu Omar gerät in Zorn und ohrfeigt Naline.

»Wie kannst du mit der Liebe Gottes prahlen und uns behandeln wie Vieh?«, fragt sie.

»Weil du nicht mehr wert bist als ein Schaf! Was ist denn mit eurem Märchenkönig? Wenn euer Gott existieren würde, dann müsste er doch kommen und euch retten. Und tut er was?«, fragt er und verlässt das Zimmer, ohne eine Antwort abzuwarten.

Wir haben Abu Omar den Beinamen »Fuchs« gegeben. Abu Anas nennen wir »Bär«. Wir haben diese Spitznamen erfunden, weil sie ihre wahre Identität verbergen. Auf Arabisch bedeutet Abu »Vater von«. Die Anhänger des IS hängen dann einen Vornamen an, den sie anhand islamischer Quellen auswählen.

Abu Omar ist ein sunnitischer Araber mit langem, dichtem Bart. Er ist ledig und der Abkömmling eines großen Stammes in der Region Bagdad. Er hat Naline erzählt, dass er gegen die Amerikaner gekämpft hat und die Regierung der Schiiten, seiner Feinde, stürzen will, um das Kalifat zu errichten.

»Ich habe keine Familie, weder Eltern noch einen Bruder oder eine Schwester. Das ist mein Krieg. Der IS ist meine Familie geworden«, hat er meiner Freundin als Begründung für seine Wut genannt.

Abu Omar war im Gefängnis Badusch inhaftiert, wo ihn im Juni der IS befreit hat, während die schiitischen Gefangenen niedergemetzelt wurden. Seit seiner Befreiung ist er Imam des »Islamischen Staates«. Er ist sektiererisch, fanatisch und intolerant und begibt sich regelmäßig an die Front, um den Glauben der Kämpfer anzufachen. Laut Naline verfolgt Abu Omar einen obskuren Rachegedanken.

»Er hasst die Schiiten in einem unfassbaren Ausmaß. Das liegt nicht nur daran, dass er sie als Ketzer betrachtet. Da ist noch etwas anderes, aber was? Vielleicht hat er ein Massaker oder irgendeinen anderen Horror überlebt«, meint sie.

Ich kann weder seine Gewalt noch seine Kriege verstehen, aber ich mache Naline darauf aufmerksam, dass er den Schiiten gegenüber mindestens genauso böse und gewalttätig ist wie gegenüber den Jesiden, die er »vernichten« und »von der Erdoberfläche entfernen« will. Wir schließen daraus, dass er niemanden mag. »Er liebt nur den Tod«, fügt Naline hinzu. »An der Front soll er diejenigen aufstacheln, die als Märtyrer agieren, und die Selbstmordattentäter ermutigen. Er verkündet seine heiligen Lehren, um zu Verbrechen anzutreiben und andere ins Unglück zu reißen.«

Abu Anas ist keinen Deut besser. Er ist ein verkommenes Subjekt, lacht zwar manchmal, aber selten aus vollem Herzen. Es ist auch kein eches Lachen, sondern eher ein höhnisches Gelächter. Er behauptet, er sei Arabischlehrer in Erbil gewesen, der Hauptstadt der Autonomen Region Kurdistan. Ich halte das für unwahrscheinlich. Er verachtet die Kurden viel zu sehr, als dass er ihnen irgendetwas beibringen könnte. Er ist breitschultrig, turkmenischer Abstammung und spricht mit seiner Frau gelegentlich einen türkischen Dialekt. Dieser brutale Mensch ist tatsächlich verheiratet. Abends telefoniert er manchmal mit seiner Ehefrau und verspricht, sie in Mossul zu besuchen, um ihr Geld zu bringen. Abu Anas versichert, sich für Gott und das sunnitische Volk einzusetzen, das er vor »Leuten wie uns« schützt. Er ist ungehobelt und vulgär. Ich weiß nicht, worin seine Aufgabe als Polizist besteht, aber er macht auf mich den Eindruck, vom Krieg berauscht zu sein. Er verabscheut die Schiiten, die Kurden, die Christen und die Jesiden. Gestern hat er Evara gedroht, sie zu verprügeln. Die Kleine hatte es gewagt, ihn zu provozieren, indem sie lauthals rief: »*Beji peshmerge*! Es leben die Peschmerga!« Wir haben Evara gebeten, ruhig zu sein. Aber da haben wir sie unterschätzt. Sie stimmte ein Lied von Şivan Perwer an, einem Idol der Kurden:

> »Sie sind gekommen, unsere Peschmerga,
> in ihren Hosen und Hemden,
> sie sind unsere Guerilleros,
> mit ihren Waffen und Patronentaschen über der Schulter.«

Die beiden Abus haben sich auf sie geworfen. Wir haben zu fünft versucht, sie zu befreien, indem wir sie an Füßen und Händen von ihr weggezogen haben. Aber sie hat weitergesungen:

»Da sind sie, unsere Peschmerga,
in ihren Hosen und Hemden,
sie sind das Licht meiner Augen
gebt ihnen rote Rosen in die Hand.«

Sie haben sie geknebelt und mit Handschellen an ein Wasserrohr in der Küche gekettet, damit sie »sich beruhigt«.

Die Strafe wurde erst am frühen Morgen des nächsten Tages aufgehoben.

Wenn die beiden Abus nicht da sind, werden unsere Tage durch unsere häuslichen Aufgaben strukturiert. Wir müssen putzen, die Wäsche dieses Hauses und die aus dem »Schloss« waschen, bügeln und die Mahlzeiten zubereiten. Die beiden Männer wollen ein sauberes und aufgeräumtes Haus haben und bestehen auf Mahlzeiten, die auf ein Fingerschnalzen hin pünktlich serviert werden. Unsere Gebieter demütigen uns bei der geringsten Gelegenheit und scheinen uns gegenüber nie genug Worte zu finden, die hart genug wären.

Houssam, der Aufseher, bringt täglich in großen Tüten die Einkäufe für die Mahlzeiten: Schaf-, Lammfleisch oder Huhn, Gemüse, Reis und Obst, Orangen und Äpfel, die aus der Türkei importiert werden. Houssam ist ausgesprochen unfreundlich.

Nach der ersten kollektiven Prügelstrafe hat er uns allerdings aus dem »Schloss« Desinfektionsmittel, Verbandszeug und Kompressen mitgebracht. Das hat uns überrascht. Wahrscheinlich hat er weniger aus Nächstenliebe als aus Eigennutz so gehandelt. Denn für sein ruhiges Leben ist es sicher besser, gesundheitlichen Komplikationen bei uns vorzubeugen.

Wir werden jedoch irgendwann Krankenpflege brauchen, so sehr wird der Anspruch von Abu Omar und seinem »Bruder«, uns mit Gewalt zum Islam zu bekehren, zu einer Besessenheit. Der Geistliche versucht, uns mit Suren in den Koran einzuführen, die wir lesen sollen. Wir erwidern, dass wir kein Arabisch lesen können. Er verlangt, dass wir ihm nachsprechen. Wir stammeln die Verse wild durcheinander. Wir werden gezwungen, die *Schahada*, das Glaubensbekenntnis, zu lernen. Stockend tragen wir vor: »*Aschhadu an lâ ilâha ill allâh, wa aschhadu anna Muhammadan rasûlu-llâh.*« »Ich bezeuge: Es gibt keinen Gott außer Allah und Mohammed ist der Gesandte Allahs.« Bleibt nur, den Text aufrichtig zu rezitieren, um eine echte Muslima zu werden, wovon wir weit entfernt sind.

Außer sich vor Wut über eine derartige Starrköpfigkeit haben die beiden Abus beschlossen, das Tempo eine Stufe hochzufahren. Sie delegieren die Aufgabe unserer Konvertierung an zwei echte Folterknechte. Die kommen über die Straße zu uns herüber, um ihr Können an uns auszuüben, zwei Männer aus der Kaserne des IS. Wir werden im Hof gefoltert, als die Sonne im Zenit steht. Wir sind mit den Händen auf dem Rücken gefesselt und jeweils zu dritt aneinandergekettet, während ein Maschinengewehr auf uns gerichtet ist. Die Ketten sind mit einem Ring an der Umfassungsmauer befestigt. Auf dem glühend heißen Zement sitzend, kochen wir wie in einem Ofen.

Nach einer Stunde habe ich das Gefühl, dass mein Kopf gleich explodieren wird. Ich halluziniere, werde ohnmächtig.

Als mich ein Eimer Wasser wieder zum Leben erweckt, bin ich nur noch ein Gespenst. Als unsere Peiniger uns endlich losketten, taumle ich ins Haus und breche auf meinem Strohsack zusammen, bis zum nächsten Tag unfähig aufzustehen. Im Zustand halber Bewusstlosigkeit höre ich, wie Bouchra unsere Herren anfleht, damit aufzuhören, uns zu quälen. Sie ist bereit, sich zu unterwerfen. Doch Naline befiehlt ihr zu schweigen. »Wenn du weitersprichst, werde ich es sein, die dich züchtigt. Ich erinnere dich an unseren Pakt. Wenn wir beim Gebet nachgeben, geben wir unsere Ehre auf.«

Am nächsten Tag überwältigt uns erneut die trockene, sengende Hitze wie an jedem Tag gegen Ende dieses brennend heißen Sommers. Um die Aktion noch zu verstärken, haben unsere Folterer eine Variante erfunden: Die Wasserschüssel, aus der wir uns in kleinen Schlucken bedienen konnten, wird uns trotz unseres Gejammers weggenommen. Am nächsten Tag beobachten wir, dass sie am Spätvormittag in der Küche Mäuse jagen. Diese Typen haben Fallen aufgestellt. Sie fangen vier Tiere, erschlagen sie und werfen sie in einen Krug: Die Kadaver schwimmen auf dem Wasser. Das ist unser neuer Trinkbrunnen.

Während wir wieder gefesselt in der prallen Sonne sitzen, zwingen sie uns, aus dem Gefäß mit den toten Mäusen zu trinken. Ich weigere mich. Ein Kerkermeister reicht mir einen Becher.

»Das trinkt sich wie Molke. Ich habe doch das Fell abgezogen.«

Er flößt mir mit Gewalt einen Becher davon ein, dann noch einen.

»Du wirst sehen, das ist ausgezeichnet für die Verdauung«, verspricht er.

Ich muss mich erbrechen.

In der Nacht verschwindet meine Angst, mich daran vergiftet zu haben, aber Djamilas Zustand beunruhigt mich sehr. Sie hat Krämpfe, Fieber und ihr ist schwindlig. Ihr Herz schlägt wie wild, ihr Atem geht stoßweise. Sie hat einen Sonnenstich. Wir decken sie mit einem feuchten Tuch zu. Ich halte ihre Hand.

Einen Teil der Nacht wache ich bei ihr, sitze an ihrem Kopfende, das Foto meines Glücks auf einem Oberschenkel. Auf dem Foto bin ich geschminkt, habe beinahe rundliche Wangen, die Stirn ist frei und das halblange Haar fällt voll auf meine Schultern.

»Eine echte Schönheit«, hat Walid mich genannt. Jetzt wage ich gar nicht mehr, in den Spiegel zu schauen. Trauer überkommt mich und ich breche in Tränen aus.

Ich weine, von meinem Unglück niedergeschmettert. Mein Schluchzen weckt Naline.

»Schlaf, Jinan, schlaf! Und gib mir das Foto. Du betest es an, aber es tut dir nicht gut. Ich werde es an mich nehmen. Und ich verspreche dir, es nicht zu verlieren. Vertrau mir.«

»Gut, aber ich kann nicht ganz darauf verzichten. Kannst du es mir bitte eine Stunde am Tag geben?«

»Ich werde es dir von Zeit zu Zeit geben. Versprochen.«

Naline überträgt etwas von ihrer Kraft auf uns. Ohne sie könnten wir es nicht aushalten. Sie wurde als Erste mit dem Wasser gequält, in dem die toten Mäuse schwammen. Ihr Mut hat uns über uns hinauswachsen lassen.

Die Folterknechte wollen daher auch in erster Linie Nalines Widerstand brechen. An diesem Nachmittag haben sie in einer Ecke des Hofes einen Generator aufgestellt. Anfangs habe ich nicht weiter darauf geachtet. Ich dachte, der Aufseher hätte ein Problem mit der Stromversorgung.

Es ist noch immer so heiß. Wir sind wie jeden Nachmittag angekettet und tragen Handschellen. Einer der Folterer macht mit dem Kinn ein Zeichen. Er stellt die Maschine an, der Motor brummt. Mit angespanntem Gesicht schwenkt sein Komplize ein Elektrokabel und nähert sich Naline, die blass wird.

»Wir werden dich an den Strom anschließen«, erklärt er ihr. »Ich werde das braune Kabel an deinem Ohr befestigen und das grüne an deinen Geschlechtsteilen. Da werden die Funken sprühen. Der Strom wird durch deinen Körper jagen. Deine Haut wird sich schuppen wie ein Fisch.«

Er wirft sie auf den Boden. Naline schreit:

»Aufhören!«

»Ach, warum denn? Ich habe ja noch gar nicht angefangen«, beklagt sich der Typ mit den Elektroden.

Rittlings auf Nalines Bauch sitzend, drückt er die beiden Elektrokabel zusammen.

»Lass mich. Ich bin bereit zu beten.«

»Sag das noch mal!«

»Ich bin einverstanden.«

»*Allahu Akbar*! Wir haben gewonnen«, triumphiert der Folterer und reckt die Fäuste in die Luft. »Ich habe es dir doch gesagt, wir hätten gleich damit anfangen sollen. Es gibt nichts Besseres als Strom«, freut er sich. »Wir haben das Mittel gefunden, um die Abtrünnigen zu heilen.«

Wir wagen es nicht, Naline zu tadeln. Sobald wir wieder in unserem Gemeinschaftsraum versammelt sind, entschuldigt sie sich und gesteht ihre schreckliche Niederlage ein.

»Als er sich über mich gebeugt hat, habe ich in seinen Augen gelesen, dass ich verloren hatte. Die Elektroschocks hätten mich getötet oder ins Koma versetzt, und sie hätten mich vergewaltigt.«

Ich bin ihr nicht böse. Ich hätte es nicht ertragen, dass meine Freundin so gefoltert worden wäre, und noch weniger, selbst an den Strom angeschlossen zu werden.

Von ihren Schergen telefonisch benachrichtigt, kreuzen Abu Anas und Abu Omar vor Sonnenuntergang zu der Zeremonie auf. Wir sprechen im Salon eine reguläre *Schahada* und Abu Omar, der Imam des Terrors, erklärt uns zu Musliminnen. »Wir werden nun das Abendgebet sprechen. Ihr werdet eure rituellen Waschungen vornehmen und euch dann in Richtung der Kaaba wenden, der heiligen Moschee in Mekka. Bereitet euch vor!«

Andeutungsweise reinige ich mir einen Teil des Gesichts. Ich werde auf meine Tarnmethode nicht verzichten. Die Strategie hat bisher nämlich tatsächlich funktioniert, denn ich bin durch die Maschen des Netzes gefallen und sexuellen Angreifern ausgekommen.

Abu Omar leitet das Gebet. Abu Anas steht, etwas weiter hinten, rechts von ihm. Wir befinden uns hinter ihnen. Der Imam verlangt, dass wir seine Gesten nachahmen. Wir murmeln erneut die *Schahada*, wobei wir die Worte verschlucken, dann verneigen wir uns vier Mal. Ich imitiere den »Fuchs«, aber mein Geist folgt meinem Körper nicht. Während ich nach dem muslimischen Ritus bete, denke ich an meinen Gott und bitte die Engel, mir zu helfen.

Die Zeremonie stellt Abu Anas zufrieden, aber dennoch bleibt er misstrauisch.

»Ich würde gern sehen, ob sie sich richtig verbeugen. Morgen werde ich eine Kamera installieren, um sie zu filmen«, kündigt er an.

»Gute Idee«, stimmt der Imam zu. »Was essen wir heute zur Feier des Tages?«

Wir bereiten die üblichen Kebabs zu. Ich habe den Auftrag, das Essen zu servieren.

»Da kommen unsere köstlichen Kebabs, von einer Muslimin gebracht. Was für ein Vergnügen«, ruft Abu Omar.

»Wenn sie nicht so schmutzig wäre, würde ich sie küssen. Ich war bisher doch ziemlich geduldig«, meint Abu Omar.

Ich werde blass.

»Ja sicher, wir werden unseren Gefangenen die Freude machen, aber nicht heute Abend. Morgen ist auch noch ein Tag. Los, geh schon! Wir wollen dich nicht mehr sehen«, entscheidet Abu Omar in seiner großen Barmherzigkeit.

Bestürzt gehe ich hinunter. »Es ist mein Fehler«, gibt Naline sich die Schuld. Wir bitten sie inständig, sich nicht damit zu quälen, und erneuern unseren Pakt.

Kapitel 6:
REISE ANS ENDE DER HÖLLE

Jonas im Bauch des großen Fisches —
Evaras Peiniger — Der Besuch der Gefangenen
von Rakka — Abu Mohammed al-Amriki —
Bestialischer Gestank

Jeden Abend haben wir Angst vor Abu Anas' und Abu Omars Rückkehr in ihren Schlupfwinkel. Sie sind die zwei Seiten einer Medaille. Wir fürchten die brutale Gewalt von Abu Anas und sind auf der Hut vor der Perversität von Abu Omar. Der turkmenische Bär und der Fuchs aus Bagdad verschonen uns seit unserer erzwungenen Konvertierung. Die Folterer aus der Kaserne des IS haben auch aufgehört, uns zu quälen.

Unser neuer »Glaube« passt sich den Umständen an. Wir unterwerfen uns dem Ritual des Abend- und Morgengebets, um unsere Quäler zufriedenzustellen. Sobald sie sich entfernen, ignorieren wir ihre Welt des Korans den ganzen Tag lang. Doch Abu Anas ist offenbar mit den Bildern zufrieden, die eine Mini-Überwachungskamera aufzeichnet, die er oben in einem Regal befestigt hat. Unsere religiösen Darbietungen und die aufgenommenen

Filmszenen sind für ihn der schlagende Beweis für die Größe des »Islamischen Staates«. Krieger, die *ahl al-harb*, wie sie sagen, haben es geschafft, Ungläubige auf den Weg der wahren Religion zu bringen. Da spielt es keine Rolle, dass Gewalt angewendet wurde und die Konversion nur äußerlich ist, das Ergebnis hat er hier vor seinen Augen, greifbar und real. Videos bestätigen es. Wir Gefangenen, *al-sabi*, wurden dem Islam zugeführt.

Für mich ist diese Unterwürfigkeit reine Maskerade. Sie hat keinerlei spirituellen Wert. Ich habe so getan, als würde ich das Glaubensbekenntnis vortragen.

Abu Omar ist mein Seelenzustand egal. In seinen Augen habe ich ohnehin keine Seele. Nachdem die Schlacht um unsere Konversion siegreich verlaufen ist, setzt er sich nun für unsere Sauberkeit ein. Auf Allah folgt die Hygiene. Er wirft uns vor, dass wir uns vor dem Gebet mit Teilwaschungen begnügen. »Gott liebt diejenigen, die sich ihm zuwenden, und er liebt diejenigen, die sich rein halten«, wirft er uns an den Kopf, während er zur Versammlung zum Morgengebet trommelt. »Sauberkeit macht die Hälfte des Glaubens aus. Ihr müsst eure Waschungen vornehmen«, wiederholt der Geistliche. Manchmal kommen wir mitten in der Nacht in den Genuss von Lektionen über die Einhaltung der persönlichen Hygiene. Es ist der Gipfel, ihn von Menschenwürde sprechen zu hören. Er zitiert eine Sure aus dem Koran: »Oh, ihr, die ihr glaubt! Wenn ihr euch erhebt, um zu beten, wascht euer Gesicht und eure Hände bis zu den Ellbogen, fahrt anschließend mit nassen Händen über euren Kopf und wascht eure Füße bis zu den Knöcheln. Und wenn ihr im Zustand der Unreinheit seid, reinigt euch.« Dann schließt er sein heiliges Buch, das er immer bei sich trägt, und versucht, uns die Vorteile der Reinigung zu erläutern. Er rät uns zum *gusl*, zur Ganzwaschung. »Ihr stinkt! Geht euch waschen und seift euch vor allen Dingen ein!«

Wir befolgen die Anweisung nicht.

Wie kann dieser Kerl es wagen, mit uns über unsere Intimsphäre zu sprechen?

Um die Front unseres Widerstands gegen das Bad zu brechen, stellt Abu Omar uns Ultimaten, auf die er jedoch nicht wieder zurückkommt, wenn sie nicht erfüllt werden, aber ich spüre, dass seine Verärgerung zunimmt. »Ihr habt noch immer nicht geduscht, das werdet ihr teuer bezahlen«, flucht er, als er spät und verärgert nach Hause kommt. Er läuft auf und ab, während Abu Anas weggeht, um zu telefonieren. Zu meiner großen Erleichterung scheinen die beiden Abus sich gerade um ein wesentlich schwerwiegenderes Thema als unsere Hygiene Sorgen zu machen. Sie halten sich daher nicht lange bei uns auf, sondern ziehen sich ins Obergeschoss zurück. Die Alarmstufe ist aufgehoben. Wir löschen das Licht in unserem Schlafraum. Leise unterhalte ich mich mit Djamila, der »Intellektuellen« unserer Gefangenengruppe.

Djamila gibt wenig von sich preis. Für sie, die Städterin, bin ich wohl nur die kleine Bäuerin, ein Mädchen vom Land, das zwar aufgeweckter ist als der Durchschnitt, aber trotzdem eine vom Land. Ihre Familie ist in Europa verstreut, wohin auch sie hatte auswandern wollen, bevor ihr Schicksal diese Wende nahm. Djamila lebte bis Juni in Mossul bei ihren Eltern. Als die Stadt fiel, ist ihre Familie vor dem IS geflohen und hat sich nach Sindschar abgesetzt. Ihre arabischen Studienkolleginnen haben miterlebt, wie der IS seine Regeln in der »Hauptstadt« seines Kalifats durchgesetzt hat. Diese Freundinnen versichern, dass sie nicht belästigt werden, solange sie den Anweisungen des IS aufs Wort gehorchen. Sie gehen nur verhüllt mit dem *niqab* aus, wie ein Schatten folgt ihnen dabei stets ein männlicher Begleiter der Familie. Auch die Männer halten zur Sicherheit einige Regeln ein, wie auf der

Straße nicht zu rauchen, und vermeiden es, sich den Zentren des IS zu nähern.

Der IS gibt Kleidungsempfehlungen heraus. Den Männern wird geraten, lange Hemden zu tragen, die bis zum Knie reichen, und Hosen, die über den Waden enden. Die westlichen Bekleidungsgeschäfte haben geschlossen. Geschäfte, die Alkohol verkaufen, Friseursalons, Kosmetiksalons und Geschäfte für Schönheitsprodukte sind verboten. Es gibt nur noch ein Gesetz, die Scharia!

Djamila begeistert sich für alte Geschichte. Sie studierte an der Philosophischen Fakultät in Mossul.

»Die Mitglieder des Daesh sind Idioten. Sie sagen uns, sie würden den ursprünglichen Islam praktizieren, aber sie werden ihren eigenen Propheten untreu«, erklärt sie mir. »Ich werde dir die Geschichte von Jonas erzählen, wie er bei den Juden und Christen heißt, oder Yunus bei den Muslimen. Sein Grab befindet sich in Mossul in einer Moschee, die am 24. Juli von Fanatikern geschändet wurde. Jonas lebte vor sehr langer Zeit, in der Epoche des Assyrerreichs, das von Babylon bis Jerusalem reichte. Im Alten Testament, dem Buch der drei Religionen, zählt er zu den zwölf kleinen Propheten.«

»Erzählst du mir bitte sein Abenteuer? Ich bin nicht müde.«

»Also gut. Fangen wir mit der Geschichte von Jonas und dem großen Fisch an.«

»Warum großer Fisch?«

»Sei nicht so ungeduldig! Hör zu. Eines Tages befahl Gott Jonas, sich nach Ninive zu begeben, dem heutigen Mossul. Die assyrische Stadt war reich, ihre Könige hatten dort einen einzigartigen Palast errichtet, der mit riesigen Statuen und geflügelten Stieren ausgestattet war. Die Stadt war von einer riesigen roten Backsteinmauer umgeben. Gott wollte, dass Jonas die Bewohner

davor warnte, dass er die Stadt wegen des Unglaubens der Bewohner zerstören würde. Aber Jonas drückte sich davor und schlug
die entgegengesetzte Richtung ein. Er ging an Bord eines Schiffes,
das unterwegs in ein schreckliches Unwetter geriet. Die Seeleute
losten aus, wen sie für ihr Unglück verantwortlich machen sollten.
Jonas wurde als Sündenbock auserkoren und über Bord geworfen.
Aber er wurde von einem Wal gerettet. Der große Fisch ver-
schluckte ihn und trug ihn drei Tage und drei Nächte in seinem
Bauch. Anschließend spuckte er ihn an einem Strand wieder aus.

»Wie einen Pflaumenkern?«

»Wenn du so willst. Als Jonas aufwachte, bedauerte er seinen
Ungehorsam und begab sich nach Ninive, um die große Katastro-
phe anzukündigen. Daraufhin bereuten die niedergeschlagenen
Bewohner ihr Verhalten, und Gott verzieh ihnen und verschonte
die Stadt. Für die Religionen ist Jonas ein Zeuge für die göttliche
Gerechtigkeit. Die Christen in der Region messen dieser
Geschichte eine große Bedeutung bei, ebenso wie die Muslime,
die Yunus eine Sure im Koran widmen.«

»Warum hat der Daesh dann sein Grab in die Luft gesprengt?«

»Weil das Idioten sind. Diese Leute hassen die Kunst und die
menschliche Schönheit.«

Bevor ich einschlafe, frage ich mich, wie das Meer wohl sein
mag. Ich bin nie an die Küsten Syriens oder der Türkei gereist.
Mein Horizont beschränkt sich auf die Gipfel des Sindschar-Gebirges.

Ich träume gerade von dem kleinen Propheten im Bauch des
großen Fisches, als mich ein Licht blendet. Die beiden Abus ziehen Evara an den Haaren aus dem Zimmer. Ich springe auf, um
ihnen den Weg abzuschneiden. Djamila und Naline kommen
dazu. Wir versuchen, sie am Vorbeikommen zu hindern.

»Haut ab«, befiehlt Abu Anas.

Er stürzt mit gesenktem Kopf auf uns zu, den Stahlprügel zum Zuschlagen bereit. Er trifft mich mit voller Kraft, und es gelingt ihm, den Durchgang zu erzwingen. Abu Omar folgt ihm und zieht unsere Freundin am Arm hinter sich her. Wir holen sie am Fuß der Treppe wieder ein. Abu Anas drängt uns mit Knüppelhieben zurück. Wir schützen unsere Gesichter und versuchen, Evara zu fassen zu bekommen. Zu spät. Abu Omar hat die Tür hinter sich bereits zugeschlagen. Abu Anas lässt eine letzte Tracht Prügel auf uns niederprasseln. Wir weichen zurück.

»Verzieht euch in euer Zimmer und verhaltet euch ruhig. Zwingt mich nicht, wieder herunterzukommen, sonst werdet ihr sehen, was mit euch passiert. Die Erste, die versucht, sie zurückzuholen, werde ich zusammenschlagen!«

Er schäumt vor Wut.

»Also, wer will den Anfang machen?«

Rasend vor Zorn dreht er sich um und stürzt die Treppe hinauf zu Abu Omar und Evara im abgesperrten Zimmer.

Was dann passieren wird, wissen wir, noch bevor Evara mitten in der Nacht in den Schlafraum zurückkommt. Abu Omar hat ihr die Jogginghose ausgezogen und die Träger ihres Hemdchens zerrissen. Evara hat sich geschützt, so gut sie konnte. Abu Omar hat versucht, sie auf den Hals zu küssen. Er hat sie gezwungen, sich auf eines der Betten zu legen. Dann hat er sich mit heruntergelassener Hose auf sein Opfer geworfen.

Als sie wieder bei uns ist, schluchzt Evara: »Ich bin tot!«

Sie ringt nach Luft.

»Ich muss sterben. Ich kann meinen Eltern nie mehr unter die Augen treten. Ich werde mich umbringen.«

Wir versuchen, sie zu trösten, sagen ihr, dass wir sie lieben und dass sie keinen Fehler begangen hat. »Du bist unsere Schwester, wir werden dich niemals im Stich lassen.«

Am nächsten Tag folgt ein weiterer Angriff. Gebrochen und verzweifelt kommt Evara in unser Stockwerk zurück, von Blutergüssen übersät. Sie blutet.

»Wer es wagen würde, dich zu verurteilen, wäre schlimmer als Daesh. Ich schwöre dir, wir werden uns alle retten. Wir werden ausbrechen«, macht Naline ihr Mut.

Für die beiden Abus kommt es natürlich nicht infrage, sie ins Krankenhaus zu bringen, damit sie versorgt wird. Unsere Kerkermeister sind nervös, sie haben andere Prioritäten. Eines Vormittags trifft ein halbes Dutzend Dschihadisten im kleinen Salon im Erdgeschoss zusammen. Wir schnappen einige Brocken ihres Gesprächs auf, nicht genug jedoch, um zu verstehen, worum es geht. Ich glaube, Abu Moussa von hinten erkannt zu haben, bin jedoch nicht sicher. Wir haben gehört, wie sie in Autos gestiegen und davongebraust sind. Wir haben auch Flugzeuge bemerkt. »Das waren die Amerikaner«, meint Houssam, der Aufseher, der entgegen jeglichem gesundem Menschenverstand behauptet, mit bloßem Auge die Tragfläche einer amerikanischen F16 von der Tragfläche einer französischen Rafale unterscheiden zu können.

Jeden Morgen teilt er uns mit, wie viele Portionen Essen wir zubereiten sollen, denn wir sind nicht nur die Sklavinnen der beiden Abus. Wir müssen auch und vor allem für die Kämpfer kochen. Das bedeutet, es sind pro Tag mindestens 20 Mittag- und Abendessen zuzubereiten. Bei den Gerichten gibt es wenig Abwechslung. Wir kochen Linsensuppen und rote Bohnensuppen, Schaffleisch, Kebabs, Tomaten- und Auberginengemüse, Salzkartoffeln mit Petersilie. Die Vorbereitungen beschäftigen uns einen Teil des Vormittags. Den Besuch hochrangiger Gäste im Sitz des IS erraten wir anhand der verlangten Gerichte.

Soeben ist Houssam in die Küche gekommen, um eine Menge Pakete abzustellen, während ich gerade den Boden wischte. Er kündigt uns ein Essen mit 100 Gästen an, das am frühen Nachmittag fertig sein muss.

»Da kommen wichtige Leute, da darf nicht getrödelt werden, ihr Jesidinnen.«

Wir setzen uns im Schneidersitz in den Hof und bereiten *kuttelk* vor, eine lokale Spezialität. Hevy leitet uns an. Zusammen mit Djamila rolle ich eine Masse aus Fleisch, gemahlenem Bulgur, Zwiebeln und Gewürzen zu dreieckigen Frikadellen. Naline kümmert sich um Tomaten- und Gurkensalat.

»Meiner Meinung nach erwarten sie wirklich wichtige Leute. Mädchen, ich glaube, wir bereiten ein Bankett für Emire zu«, sagt Djamila.

Auf der Straße quietschen Reifen und Autotüren schlagen. Wir hören das Rasseln von Waffen und Befehle. Die beiden Abus stürzen herbei. Hektisch versichert sich Abu Omar, dass wir gut in der Zeit liegen.

Wir mutmaßen die Anwesenheit hochrangiger Chefs des »Islamischen Staates« im »Schloss«. Vielleicht ist es sogar der Kalif persönlich?

»Die kurdischen Fernsehsender haben berichtet, dass die Chefs des Daesh immer hier in der Nähe vorbeikommen, wenn sie zwischen dem Irak und Syrien unterwegs sind«, erklärt uns Djamila. Als sie in Mossul studiert hat und auch als sie wieder bei ihren Eltern gewohnt hat, hat sie regelmäßig die Nachrichten verfolgt, anders als wir, die Landbewohner des Sindschar-Gebirges.

Wir erfahren nicht, ob Abu Bakr al-Baghdadi unsere Küche geschmeckt hat, aber die Mahlzeit wurde zumindest pünktlich serviert. Kurz darauf sind Motorgeräusche zu hören. Die Dschihadisten brausen in mehreren Fahrzeugkonvois davon.

Abends »dürfen« wir im kleinen Salon Videos anschauen. Die beiden Abus lieben es, sich in diesem dunklen, rechteckigen Zimmer einzuschließen, um auf einem Laptop, den sie von oben holen, Filme anzuschauen. Abu Anas und Abu Omar ergötzen sich an morbiden Propagandafilmen, die vom IS ins Netz gestellt werden.

»Kommt und schaut euch an, wie Jesiden getötet werden«, rufen sie uns zu.

Der Film, den wir uns zwangsweise anschauen müssen, ist eine Mischung aus Kampfszenen aus dem Sindschar-Gebirge und einem Bericht über die Aktion eines Selbstmordattentäters, der einen Benzinlaster in einen feindlichen Posten gesteuert hat. Es ist ein absolut grausamer Film. Man sieht auch drei gefesselte, knieende Gefangene. Die vermummten Mörder heben, mit einem Messer in der Hand, ihre Köpfe an. Einer der Mörder spricht das Todesurteil vor einer schwarzen Fahne, das unvermeidliche *Allahu Akbar* ist zu hören, die Köpfe werden von der Halsseite her abgeschnitten, anschließend werden die Schädel jeweils auf den Rumpf der Leiche gelegt. Der Kopf eines Enthaupteten wird anstelle eines Balles für eine Partie Fußball verwendet. Ein Soldat umspielt damit seine Mitspieler, und die Dschihadisten brechen in schallendes Gelächter aus.

»Das ist das Los der Abtrünnigen«, stellt Abu Anas schließlich nüchtern fest, bevor er den Laptop ausschaltet, zufrieden mit seiner Vorführung und unserem stummen Entsetzen.

»Wer sagt uns, dass das wirklich Jesiden sind?«, fragt Naline, um das Schweigen zu durchbrechen.

»Der Islamische Staat, meine kleine Jesidin.«

»Was beweist das schon?«

»Hast du den zufriedenen Blick der Henker gesehen? Sie kommen ins Paradies, weil sie Abtrünnige getötet haben, und diese

Ungläubigen sind Jesiden wie du. Irgendwann werden wir euch auch einen Kopf mitbringen, damit ihr im Hof Ball spielen könnt. Sport hält ja fit.«

»Der Platz dieser Mörder ist in der Hölle.«

»Da täuscht du dich. Ungläubigen den Kopf abzuschneiden, das führt ins Paradies.«

Abu Anas lächelt. Ich frage mich, ob er Freude am Töten hat.

Die Videos sind der Lieblingszeitvertreib unserer Herren, bei Abu Omar kommt noch die Lektüre des Korans hinzu. Die Filme halten das Entsetzen wach, das uns beherrscht. Die beiden Abus ergötzen sich an den Inszenierungen der Morde genauso wie an der Gewalt, die wir erleiden müssen.

Ich habe die anzüglichen Blicke bemerkt, die sie Hevy zuwerfen. Unsere Friseurin aus Sindschar gefällt ihnen, sie lassen ihre Blicke über ihren schönen, festen Hintern und ihre Beine schweifen, die in zarten Fesseln enden. Wir ersparen ihr die Qual, die Mahlzeiten zu servieren, aber die Wünsche der Chefs sind Befehle. So kommt es, dass Hevy eines Abends ins Obergeschoss geholt wird, um erst mitten in der Nacht zurückzukehren.

Kaum hat sie das Zimmer betreten, hat Abu Anas mit seiner Pistole gedroht, hat ihr diese an die Schläfe gehalten und ihr befohlen, sich auszuziehen. Sie hat sich widersetzt. Doch der Polizist des IS hat ein Paar Handschellen aus einer Sporttasche gezogen und ihre Handgelenke damit gefesselt.

Hevy redet nicht weiter darüber und beklagt sich auch nicht. Aber sie wirkt verstört und ist wie Evara vom Gedanken an einen Selbstmord wie besessen. Sie ist älter als Evara und scheint fester entschlossen zu sein, ihrem Leben ein Ende zu setzen. Wir passen daher immer sehr gut auf sie auf und sind doppelt freundlich zu ihr, doch sie zieht sich wie Evara in völliges Schweigen zurück.

»Diese Kerle halten uns für eine Herde Ziegen«, empört sich Djamila. »Wenn man bedenkt, dass Abu Anas verheiratet ist, und Abu Omar behauptet, ein Geistlicher zu sein.«

Eines Morgens werden wir von weiblichem Besuch überrascht. Die junge Frau wird von einem Soldaten in die Villa gebracht, der die islamische Kampfkleidung trägt und sofort wieder verschwindet. Sie ist in eine Burka gehüllt, einen schwarzen Mantel, der bis zu den Füßen reicht. Schwarze Handschuhe vervollständigen die Ausstattung, die sie eilig ablegt, um eine verwaschene Bluejeans und ein weißes T-Shirt zum Vorschein zu bringen.

»Ich bin Sherine«, sagt sie, sobald sie sich ihrer Uniform entledigt hat.

Ich erkenne das hübsche schlanke Mädchen mit dem kastanienbraunen Haar, das Abu Moussa in dem Haus des Sklavenmarktes ausgewählt hatte. Sie erklärt uns, dass sie inzwischen die zweite Ehefrau des Emirs ist. Sie wohnt mit der ersten Frau und dem Sohn des Dschihadisten »als Familie« zusammen. Sherine ist gleichzeitig die Ehefrau des Chefs wie auch eine Dienerin, auf die ihre Rivalin eifersüchtig ist. Die hat sie vor dem Emir sogar beschuldigt, ihren Sohn zu misshandeln. Abu Moussa hat ihr geglaubt und hat Sherine gezüchtigt. Auch sie ist zum Islam »konvertiert«. Ihre religiöse Metamorphose wirkt glaubhafter als unsere; sie kennt ihre Suren, aber ihr Eifer überzeugt die erste Ehefrau nicht. »Meine Situation ist ohnehin schon schwierig, aber das reicht ihr nicht. Sie hetzt Abu Moussa gegen mich auf, und der Emir gibt ihr immer recht, um seine Ruhe zu haben. Man nennt ihn Emir, aber er hat nichts von einem Fürsten. Das ist ein dicker, brutaler Kerl«, vertraut uns Sherine an.

Der Gedanke, Sherine in das Haus der beiden Abus abzuschieben, während er seinen Beschäftigungen nachgeht, ist Abu

Moussa sicher bei seinem letzten Aufenthalt hier in den Sinn gekommen, am Tag der großen Versammlung des IS. »Am anderen Ende der Stadt gibt es bei meinen Brüdern Abu Anas und Abu Omar ein paar jesidische Mädchen, und ich erlaube dir, sie zu treffen«, hat er beim Heimkommen zu Sherine gesagt.

Als unmittelbare Folge seiner Entscheidung gewinnen die beiden Frauen etwas Abstand voneinander. »Der Krieger ist wohl für eine friedliche Ménage-à-trois«, bemerkt Djamila ironisch.

Sherine wird es nicht müde, frei plaudern zu können. Sie spricht ohne Punkt und Komma. Ihren Worten zufolge war Abu Moussa als junger Mann ein Unteroffizier von Saddam, der aus der Armee entlassen wurde, als die Amerikaner 2003 die irakischen Streitkräfte aufgelöst haben. Daraufhin schloss er sich, wie viele sunnitische Araber, dem islamistischen Aufstand an. Abu Moussa ist ein Fachmann für Flugabwehrkanonen, bedient jedoch nur alte DSchK-Maschinengewehre. »Dieser Gewehrtyp kann wohl mehrere Hundert Schuss pro Minute abfeuern. Und sein Traum ist es, ein Flugzeug abzuschießen, aber genauso gut könnte er einen Adler mit einem Stein töten wollen«, spottet sie.

Am nächsten Tag gesellt sich Sherine am Spätvormittag wieder zu uns. »Ich darf jeden Tag kommen«, verkündet sie triumphierend. »Das ist seit meiner Entführung die beste Nachricht. Ich muss das Frühstück zubereiten und den Haushalt machen, danach darf ich zu euch kommen. Die Furie ist entzückt, dass ich tagsüber fort bin, und mir geht es genauso.«

Sherines Besuche freuen mich, aber ich fürchte, irgendwann Abu Moussa gegenüberzustehen. »Mach dir keine Sorgen, seine Leibwache begleitet mich vom Auto zur Villa und außerdem lässt er sich nicht herab, mit Gefangenen zu sprechen.«

Sherine ruft die schmerzliche Erinnerung an die Trennung von Amina wieder wach. Am selben Tag hat Sherine in dem Haus, in dem wir verkauft wurden, ihre Schwester Suzane verloren. »Ich bin Abu Moussa widerstandslos gefolgt, weil er mir versprochen hatte, dass meine Tante und meine Schwester mit mir kommen dürfen, aber er hat sein Versprechen nicht gehalten. Meine Tante befindet sich mit anderen jesidischen Gefangenen, Frauen und Kindern, in einem Haus in Tal Afar. Ich habe anrufen können und ihr Grüße ausrichten lassen, aber Suzane ist leider nach Syrien verkauft worden«, erzählt Sherine. »Ich glaube, dass deine Schwägerin Amina in derselben Nacht mit ihr aufgebrochen ist, anschließend wurde eine nach Rakka und die andere nach Deir ez-Zor in Syrien gebracht. Bei Amina bin ich mir nicht sicher, aber ich weiß, dass Suzane in Rakka ist. Das habe ich gehört, und ich versuche zu erreichen, dass sie nach Rasty kommt.«

Sherines Enthüllungen durchbohren mein Herz wie eine Klinge. »Arme Amina! Sie muss schrecklich leiden, wenn sie überhaupt noch am Leben ist.«

Auf das Drängen von Sherine hin hat Abu Moussa mit einem syrischen Emir für Suzane einige Tage »Urlaub« ausgehandelt. Die beiden Abus haben eingewilligt, sie bei sich zu beherbergen, um ihrem Chef einen Dienst zu erweisen.

Eines Nachmittags kommt Sherine Arm in Arm mit ihrer Schwester an. Diese war eine ganze Nacht in einem Kleinbus, der zwischen Rakka und Mossul verkehrt, unterwegs, begleitet wurde sie dabei von einem »Vormund«, einem Soldaten des IS, der sie beaufsichtigen sollte. Nachts in Syrien hat sie nur die Fackeln der Ölquellen gesehen. »Der Ölgeruch ist so stark, dass man das Fenster besser schließt«, sagt sie.

Suzane hat wunderschöne grün-graue Augen. Wir servieren ihr einen Tee aus den Beständen, die für die Soldaten der Kaserne reserviert sind. Meine Hoffnung, mehr über Aminas Schicksal zu erfahren, wird jedoch schnell enttäuscht. Sie sind nicht zusammen nach Syrien aufgebrochen.

Suzane wurde an den Meistbietenden verkauft, eine Gruppe von Draufgängern aus Rakka. Deren Chef hat sie als Erster vergewaltigt. Er hat über ihre Jungfräulichkeit gescherzt und sie dann genommen wie ein Bock. »Ich hatte solche Schmerzen, dass ich mich übergeben musste«, erzählt sie weinend. Der Emir hat sie nur daran erinnert, dass sie kein Recht hat, sich zu beklagen. »Der Herr kann sexuelle Beziehungen mit einer jungfräulichen Sklavin haben, sobald er sie erworben hat. Das ist genauso erlaubt, wie es zulässig ist, dass ich dich schlage, wenn es nötig ist.« Seine Männer haben sie ebenfalls missbraucht, dann waren sie ihrer durch ihre Gewalttätigkeiten verwelkten Schönheit überdrüssig und verkauften sie zu einem Spottpreis weiter. Suzane wurde anschließend von einem Kämpfer zum nächsten weitergereicht. Sie fand sich dann in einer großen Wohnung wieder, die von einer Brigade von zehn Männern bewohnt wurde: sieben Syrern, einem Ägypter, einem Afghanen und einem Amerikaner, genannt Abu Mohammed al-Amriki.

»Der Amerikaner hat mich genauso brutal genommen wie der Ägypter oder der Syrer. Alles Dreckskerle. Ich hatte gehofft, der Amerikaner würde weniger grausam sein als die anderen. Zumindest hätte er weniger Vorurteile gegenüber einer jesidischen Kurdin haben können als die Araber, aber so war es nicht. Er hat mich geschlagen, weil ich sein Geschlechtsteil nicht in den Mund nehmen wollte, dann ist er über mich hergefallen. Nach drei Tagen hatte er genug und hat mich zwei Syrern angeboten, die auch nicht besser waren.«

Auf Anordnung von Abu Moussa wohnt Suzane im Haus unserer beiden Herren, um Streit mit seiner ersten Frau zu vermeiden.

Sherine versucht alles, um zu erreichen, dass ihre Schwester im Irak bleiben kann, aber Abu Moussa hat sich verpflichtet, sie dem Absender zurückzuschicken. Wir haben den Verdacht, dass er sich mit seiner Furie keinen Ärger einhandeln will. Sherine ist sicher, dass die glaubt, ihr Mann wolle Suzane zu seiner dritten Ehefrau machen.

Da Suzane für Abu Moussa eine Last ist beeilt er sich, sie entgegen ihren flehenden Bitten nach Rakka zurückzuschicken. Ihre schnelle Abreise lässt Sherine in Kummer und Verzweiflung versinken. Ihre Besuche werden seltener.

Die Stimmung in der Villa ist drückend. Durch das ständige Auf-der-Hut-Sein leide ich unter Schlaflosigkeit. Wenn meine schlaflosen Nächte endlos zu werden scheinen, dränge ich Djamila erschöpft, mir die Geschichte von Jonas im Bauch des Wals zu erzählen. Sie schlüpft dann zu mir ins Bett:

»Jonas wurde über Bord in die Strömung und die Wellen geworfen. Er sank in die Tiefen des Meeres hinab, in ein Land, aus dem es keine Wiederkehr gibt, aber Gott ließ einen großen Fisch kommen, der ihn verschlang, und Jonas blieb drei Tage und drei Nächte im Bauch des Fisches ...«

Ich schlafe ein und fühle mich wie Jonas. In meinem Traum entkomme ich dem Wal.

Die abendliche Pflicht des Kebab-Servierens ist ein Albtraum. Im Zimmer der beiden Abus, das nie gelüftet wird, stinkt es wie in einem Raubtierkäfig. Ich habe mit Übelkeit zu kämpfen, während ich die Teller auf den niedrigen Tisch stelle. Abu Anas hat einen schmierigen Blick, Abu Omar liest seine Nachrichten auf dem Handy. Ich bin vor dem Dicken genauso auf der Hut wie vor dem Mageren. Abu Anas verlangt Fanta-Dosen. Als ich zurückkomme, zieht er mich an den Haaren.

Er spannt seinen Körper an, als bereite er sich vor, sich auf eine leichte Beute zu werfen. Ich flehe:

»Gnade! Gnade! Fassen Sie mich nicht an! Tun Sie mir nicht weh!«

Er zögert. Diesen kurzen Moment nutze ich, um zu flüchten. Ich habe etwas Vorsprung und kann mich ins Bad retten. Er ist vor der Tür. Ich schäme mich, dass ich ihn anflehen musste. Ich habe genug davon, eine Sklavin zu sein, über deren Leben und Tod meine Peiniger bestimmen dürfen. Ich werde von einer schrecklichen Wut ergriffen, erleide einen Nervenzusammenbruch. Ich möchte mir den Kopf an der Wand zerschmettern.

Meine Freundinnen holen mich schließlich aus der Dusche, wo ich zusammengerollt liege.

Kapitel 7:
DIE GROSSE FLUCHT

Der Schlüssel zur Tür ins Freie —
Von wilden Hunden bedroht — An den
Hängen des heiligen Gebirges —
Der Flug in die Freiheit

Die Tage in unserem Gefängnis ohne Gitter sind endlos. Langeweile und Unruhe nagen an mir.

Ich versinke in Selbstmitleid. Ich habe mir angewöhnt, immer dasselbe Kleid zu tragen, aber es fällt mir schwer, mich zu vernachlässigen, mich selbst mit mangelnder Hygiene zu bestrafen, um mich zu schützen – eine der schlimmsten Strafen für eine Frau. Vor meiner Gefangennahme maß ich meiner äußeren Erscheinung große Bedeutung zu. Inzwischen meide ich einen Blick auf mein Spiegelbild in einer der Scheiben. Durch die Krankheit und die Entbehrungen habe ich mindestens zehn Kilo abgenommen. Ich bin schmächtig geworden.

Ich brauche auch keinen Spiegel. Ich kann mein Elend auf den Gesichtern meiner Freundinnen ablesen. In meinem Gesicht spiegelt sich wohl mein Unglück, und es zeigt meine Ängste.

Ich denke an meine Familie. Die letzten Neuigkeiten stammen von dem Abend, den ich in der Höhle an den Hängen des Dschebel Sindschar verbracht habe, und sie waren eher beruhigend. Ich hatte mein Schwester Hanan erreicht. Meinen Eltern war es gelungen, genügend Abstand zwischen sich und die Kämpfer des IS zu bringen. Sie hatten die Provinz Sindschar verlassen, nachdem sie durch die Maschen des Netzes der Dschihadisten geschlüpft waren. Hanan klagte, dass sie das Haus überstürzt hatten verlassen müssen. Sie hätte so gern wenigstens einen Koffer mitgenommen. Meine jüngere Schwester hasst es, überrumpelt zu werden. In unserem gemeinsamen Zimmer führte sie Krieg gegen die Unordnung. Ihre Freude am Aufräumen war nahe an einem Ordnungsfimmel. Wenn ich sie fragte, wo einer meiner Pullover oder ein Armband seien, antwortete sie mir: »An seinem Platz!« Fragte sich nur, wo das war.

Hanan wird vor Unruhe verrückt sein. Sie muss sich fragen, ob ich noch am Leben bin. Ich würde sie gern wieder einmal necken. Wo ist sie? Vielleicht geht sie gerade frisches Fladenbrot kaufen? Ich beneide sie. Trotz ihrer Sorgen kann sie mit unbedecktem Kopf und Gesicht aus dem Haus gehen, frei wie die Luft.

Ich denke auch an Walids Eltern. Was ist aus seinem Vater Khero geworden? Ich sehe ihn als hilflosen Mann vor mir. Er entfernte sich in einer Kolonne Gefangener von uns, bedroht von Panzerfahrzeugen. Wurde er erschossen? Mein Schwiegervater hat seine Frau, seine Töchter, seine Söhne und seine Schwiegertochter zurückgelassen. Seine kleine Amina wurde von den Sklavenhändlern nach Syrien deportiert. Vor meinen Augen.

Ich liege auf meiner Matratze und lasse meine Gedanken umherstreifen. Ich starre an die Decke. Ich bin allein, aber ich weiß, dass Walid an mich denkt, wo auch immer er ist. Ich höre seine Stimme. Die letzten Worte, die ich mit ihm gewechselt habe waren: »Walid, ich lege auf. Sie sind da. Daesh ist da.« Ich will mir nicht vorstellen, dass unsere Geschichte damit enden wird. Walid, ich habe dir noch so viel zu sagen, Worte der Liebe und Unwichtiges.

Walid, meine Seele, ich brauche dich. Wirst du in der Lage sein, mir dies alles nicht vorzuwerfen? Ich werde geschlagen und gequält, aber was wiegt mein Leiden angesichts des Rests? Ich habe meine Religion und mit ihr meine Ehre verloren. Welche Schande! Nach den ungeschriebenen Gesetzen meines Volkes habe ich meinen Glauben verraten. Es ist vielleicht falsch, aber ich zweifle am Verständnis meiner Mitmenschen. Wenn du mir unerwarteterweise verzeihst, werden die anderen es dann auch tun?

Dunkle Gedanken schwirren in meinem Kopf herum. Ich will sterben oder fliehen. Im Bad habe ich angeschlagene Fliesen entdeckt. Da ich keine Schere habe, sind das die einzigen für mich erreichbaren Werkzeuge, um mir die Adern aufzuschneiden. Doch ich zögere.

Naline hat die »merkwürdige« Art bemerkt, mit der ich die Küchenmesser prüfend betrachte. Wir haben keine langen Klingen zum Schneiden des Schaffleisches. Unsere Herren haben sie zweifellos verschwinden lassen aus Angst, wir könnten sie gegen sie einsetzen. Wir schälen das Gemüse mit einem Gemüseschäler, einem elenden Werkzeug, das Naline aus Angst vor absichtlichen Verletzungen beaufsichtigt.

Obgleich unsere »große Schwester« angesichts der drohenden Folter durch Strom schwach geworden ist, hat sie weiterhin Einfluss auf uns. Naline hat wirklich Charisma. Ihre Klugheit und innere Kraft helfen uns, durchzuhalten.

Draußen geht die sommerliche Hitze allmählich zurück. Im Haus lassen die beiden Abus den üblichen Terror weiterregieren.

Bouchra, die Älteste der Gruppe, hat sie zu überzeugen versucht, ihr einen Besuch bei ihrem Bruder zu erlauben. Durch Zufall hat sie im Gespräch mit Sherine erfahren, dass er in Tal

Afar festgehalten wird, nachdem er die muslimische Religion angenommen hat. Die beiden Abus haben Bouchra erlaubt, mit ihm zu telefonieren. Seither bettelt sie immer wieder, ihn treffen zu dürfen, und verspricht, dass sie ohne Ärger zu machen zurückkommen wird.

Aufgrund ihrer Hartnäckigkeit hat Abu Anas schließlich nachgegeben. Er hat sie bei ihrem Bruder in Tal Afar mit einer einstündigen Besuchserlaubnis abgesetzt. Der Gastgeber hat sich dafür verbürgt, dass sie nicht flüchten wird. Wird dieser Vertrag gebrochen, erwartet ihn der Tod.

Bouchra hofft, dass er ihr etwas über ihren Vater erzählen kann, den sie seit dem Tod der Mutter vor sechs Jahren versorgt hat. Sie hat ihn vor seinem Laden für alkoholische Getränke und Zigaretten zum letzten Mal gesehen. Die Kämpfer des IS hatten ihn in Brand gesteckt. »Ihr könnt euch glücklich schätzen, dass man euch nicht in die Flammen geworfen hat. Dort würdet ihr hingehören«, hatten die Brandstifter geschrien.

Bouchra und ihr Vater wurden getrennt. Die junge Frau musste dem Zug der Gefangenen folgen, die in verschiedene Säle in Mossul gebracht wurden, bevor man sie in Privathäusern verkaufte. Ihren Vater hatte man hinten in ein Auto gestoßen, und er war verschwunden, ohne dass sein Sohn, trotz unablässiger Nachforschungen, hätte herausfinden können, ob er noch am Leben war.

»Ich bin sicher, dass er nicht in Tal Afar ist«, sagt er zu Bouchra. »Ich habe die Stadt bei der Suche auf den Kopf gestellt.«

Bouchra zählt auf ihren Bruder, dass er ihren Vater wiederfindet, dass er weitersucht, dabei aber auch auf sich achtet. Sie hat nur noch ihn.

Bouchra hat nicht gemerkt, wie die Zeit vergeht. Als Abu Anas ungeduldig wiederkommt, beschwört sie ihn, eine Verlängerung des Ausflugs bis zum nächsten Morgen zu erlauben. Sie fleht ihn an, die Nacht bei ihrem Bruder verbringen zu dürfen. Doch das kommt nicht infrage. Bouchra weint, was den Dschihadisten verärgert und erbost: »Du hattest geschworen, nicht herumzuheulen. Pech für dich, du wirst nicht mehr nach Tal Afar kommen. Das passiert mir nur einmal. Die Jesiden halten einfach nicht Wort. Bei euch gibt es nur Jammern und Wehklagen.«

Der Besuch hat Bouchra letztlich mehr geschadet als genutzt. Ihr Kummer wurde nur neu angefacht. Wegen ihrer trübsinnigen Stimmung wird sie von Naline zurechtgewiesen.

Mit geheimnisvoller Miene rät ihr die »Chefin«, positiv zu denken. Mehr kann sie für den Moment nicht sagen.

»Morgen habe ich eine Überraschung für euch«, flüstert sie mit vielsagender Miene.

In dieser Nacht kann ich, wie in fast allen Nächten, nicht einschlafen. In meinem Halbschlaf stelle ich mir Walid vor, der in einer feindlichen Welt nach mir sucht.

Nachdem ich früh aufgestanden bin, mache ich mir in der Küche zu schaffen, um mich abzulenken. Die beiden Abus haben das Haus nach dem Morgengebet in aller Eile verlassen. In die Zubereitung einer roten Linsensuppe vertieft, suche ich in der Speisekammer eine Zitrone, als Naline mich an der Schulter packt:

»Lass deine Suppe Suppe sein und komm zu uns in den Schlafraum, ich habe euch Mädchen etwas zu zeigen.«

Naline hält ihre Hände hinter dem Rücken.

»Erratet ihr, was ich da habe?«, fragt sie.

Ohne uns auch nur die Zeit für eine Antwort zu lassen, schwingt sie einen Schlüssel in der linken Hand.

»Das ist der Schlüssel zur ersten Etage«, verkündet sie triumphierend.

Ein bewunderndes »Wow« entfährt uns.

»Und das ist noch nicht alles. Hier ist der Schlüssel zur Terrassentür des Wohnzimmers«, sagt sie und öffnet ihre rechte Hand.

»Ich glaub es nicht!«, ruft Hevy.

»Es leben die Engel, die uns beschützen! Ein Hoch auf Naline« ruft Bouchra begeistert.

Verblüfft beglückwünschen wir unsere Freundin, als käme sie von einem wunderbaren Fischfang zurück.

»Diese Metallstücke haben die Macht, unser Leben zu verändern. Es sind die Schlüssel zu unserer Befreiung«, kommentiert Djamila hochtrabend.

»Seit wann hast du sie?«

»Wo hast du sie gefunden?«

»Wie hast du das geschafft?«

Die Fragen stürmen so schnell auf sie ein, dass sie gar nicht darauf antworten kann.

»Ich werde es euch erklären, wenn ihr mich sprechen lasst. Gestern, nachdem Abu Anas und Bouchra weggefahren waren, habe ich auf dem niedrigen Tisch im Salon unter einem Wäschestapel einen vergessenen Schlüsselbund entdeckt. Daran hingen gut und gern zwölf verschiedene Schlüssel. Ich habe sie in allen Türschlössern des Hauses ausprobiert, während ihr die Mahlzeiten zubereitet habt. Für die Eingangstür war kein Schlüssel dabei, aber diesen Weg könnten wir ohnehin nicht nehmen, weil er von Houssam bewacht wird. Dafür habe ich aber den Schlüssel für die erste Etage und den für die Terrassentür im Erdgeschoss entdeckt, die zum Hinterhof führt. Ich weiß nicht, wofür die anderen Schlüssel sind, aber es ist ein Ersatzschlüsselbund mit Zweitschlüsseln, den diese Idioten nicht weggeräumt haben.«

»Bravo Naline, aber warum hast du uns das nicht schon gestern gesagt? Wir hätten dir helfen können«, meint Djamila.

»Ich wollte euch nicht gleich in diese Geschichte hineinziehen. Ich wusste nicht, ob sie das Verschwinden des Schlüsselbunds bemerken würden. Heute Morgen haben sie ihn mitgenommen, offenbar ohne zu prüfen, ob alle Schlüssel noch da sind. Wir haben Glück gehabt, und das müssen wir auf unserer Seite halten. Wir werden die obere Etage durchsuchen. Wenn sie uns nicht erlauben, dass wir tagsüber hinaufgehen, heißt es, dass sie da etwas verbergen. Folgt mir!«

Hevy und Djamila haben die Aufgabe, Schmiere zu stehen. Sie bleiben in der Nähe der Eingangstür, bereit, einen Vorwand zu finden, um Houssam aufzuhalten, falls er unvorhergesehen das Haus betreten sollte. Aber eigentlich haben wir um diese Zeit nichts zu befürchten: Er dürfte auf seinem Plastikstuhl sitzen, vertieft in ein Spiel auf seinem Smartphone. Evara ist als Wachposten auf der Treppe postiert, um notfalls Alarm zu schlagen, während Bouchra, Naline und ich die obere Etage erkunden.

Die Schlafzimmertür von Abu Anas und Abu Omar ist doppelt versperrt. Wir geben schnell auf. Umso besser! Beim Gedanken, das Schlupfloch dieser abstoßenden Personen zu durchsuchen, ekelt es mich.

Nachdem wir den Flur überquert haben, entdecken wir ein großes leeres Zimmer, auf das eine recht dunkle Kammer bescheidenen Ausmaßes folgt, die offenbar als Abstellkammer dient. In der Mitte stehen große Kisten, wie sie häufig zum Versand von landwirtschaftlichen Geräten verwendet werden. Sie quellen über von Handys aller Marken und in allen Farben. Zweifellos wurden sie von Mitgliedern des IS bei Straßensperren, Massenverhaftungen und Plünderungen von Städten entwendet. Es dürften gut 1000 Geräte sein. In einem Kleiderschrank entdecken wir etwa 50 gestohlene Laptops. »Unsere beiden Banditen sind Diebe und Hehler«, seufzt Bouchra.

Ohne Zeit zu verlieren, gehen wir weiter und klettern eine Leiter hinauf, die durch eine Falltür aufs Dach führt. Ich strecke den Kopf hindurch und finde mich auf der Terrasse wieder. Naline kriecht auf dem Boden weiter, um nicht gesehen zu werden. Eigentlich ist es unmöglich, von den Flachdächern der verlassenen Häuser in der Umgebung aus entdeckt zu werden, aber wir wollen kein Risiko eingehen.

Von meinem Beobachtungsposten hinter der Parabolantenne hat man einen guten Überblick. Ich sehe das Dorf, in dem wir festgehalten werden, die quadratischen Häuser, ihre Höfe, die mit wenigen verkrüppelten Bäumen bewachsen und von hohen Backsteinmauern umgeben sind, die verlassenen Straßen. Die bleierne Stille lässt keinen Zweifel zu: Das Dorf wurde auch noch vom letzten jesidischen Einwohner gesäubert. Wir befinden uns im Zentrum einer verlassenen Ortschaft, in einer von Wiesen bedeckten Ebene gegenüber dem Dschebel Sindschar.

Die ersten Ausläufer des Sindschar-Gebirges wirken zugleich nah und fern. Von den ersten Steilhängen trennen uns einige Kilometer Luftlinie. Der Berggipfel wird von weißen, flockigen Wölkchen eingehüllt.

Ich jubele angesichts unseres heiligen Gebirges. Die Gebirgspfade sind für mich Wege der Freiheit. Dort bin ich mit meiner Familie unterwegs gewesen.

Während ich träumend die Landschaft betrachte, setzt Naline ihre Untersuchung im ersten Stock fort.

»Genau das hat uns gefehlt«, ruft sie aus, als sie einen Koffer öffnet, der mit einem bunten Durcheinander an Handy-Ladegeräten gefüllt ist.

»Die beiden Kerle haben das Zeug wohl gesammelt und hier gelagert, um sich selbst damit auszustatten oder es zu verkaufen«, kommentiert sie.

Wir vergleichen die Ladegeräte mit den Handys. Kein Anschluss passt. Genervt öffne ich ein Handygehäuse nach dem anderen. Sie sind alle entladen und vor allem auch ohne Chipkarte. Ohne Chip ist es jedoch unmöglich, über ein Mobilfunknetz um Hilfe zu rufen. Ich bin wütend, während Naline unerschütterlich bleibt. »Ich habe noch eine Überraschung«, sagt sie.

Es geht wieder Richtung Erdgeschoss. Auf den ersten Treppenstufen öffnet Naline ihre Bluse, um in ihren Büstenhalter zu langen.

»Jinan hatte ein Foto ihres Liebsten an ihrer Brust versteckt. Ja und ich, ich trage an meinem Busen die ... SIM-Karte meines Handys«, eröffnet sie uns.

Wie bei einem Taschenspielertrick holt sie eine Chipkarte heraus.

Wir sind begeistert.

»Gut gemacht. Ich ärgere mich echt, nicht dasselbe gemacht zu haben«, sage ich.

»Genial«, fügt Djamila hinzu. »Aber auch ich habe eine Überraschung für euch: Auf einem Regal im kleinen Salon liegt ein Ladegerät der Marke Sony. Ich habe es gesehen, als man uns die Videos über die Selbstmordattentate aufgezwungen hat. Es kann uns vielleicht helfen.«

»Heute ist wirklich unser Glückstag. Sony? Ich habe oben mindestens zehn Sony-Handys gesehen«, lächelt Naline.

Wir hängen ein Handy an das Ladegerät und verstecken zwei weitere in einem Küchenmöbel, denn die Küche meiden die beiden Abus, soweit es geht. Dann schließen wir die erste Etage ab, als sei nichts gewesen. Sobald es der Ladezustand erlaubt, ruft Naline ihren Bruder in der deutschen Stadt Celle an, wo zahlreiche Exil-Jesiden leben.

»Brader, hier ist Naline.«

»Naline? Wo bist du?«

»Ich habe nur noch wenig Guthaben auf dem Handy. Ich werde es dir erklären, aber rufe mich sofort zurück, es geht um Leben oder Tod.«

Wenige Sekunden später ertönt ein piepsiger Klingelton.

»Brader, ich bin in Rasty, einem Dorf in der Nähe von Tal Afar. Ich bin eine Gefangene des Daesh. Sie haben mich zur Sklavin gemacht. Ich brauche deine Hilfe.«

»Ich werde dich da herausholen, aber lass mich zuerst nachdenken.«

Ihr Bruder erinnert sich an Dosto, einen seiner Freunde, der aus Rasty stammt.

»Ich nehme sofort mit ihm Kontakt auf. Ruf du ihn anschließend in meinem Namen an, das ist ein toller Kerl. Ich bin sicher, er wird das schaffen.«

So keimt unser abenteuerlicher Fluchtplan.

Dosto ist ein Überlebender der Säuberungsaktion, die Anfang August vom IS in der Ortschaft durchgeführt wurde. Es ist ihm gelungen, Rasty am Vormittag zu verlassen, bevor die Angreifer den Ort plünderten. Er ist in die Berge geflüchtet, hat sie in mehreren Tagen zu Fuß erklommen, genau wie die 50 000 Menschen, die ebenfalls vor dem IS geflüchtet sind. Eine apokalyptische Flucht, auf der die Schwächsten, Alte und kranke Kinder, an Erschöpfung gestorben oder verdurstet sind. Er hat sich mit dem IS auf den Fersen in den Hängen des Dschebel Sindschar versteckt. Das Eingreifen der amerikanischen Luftwaffe und kurdischer Kämpfer, die aus der Türkei und Syrien kamen, hat sie vor einem tragischen Ende bewahrt. Dosto hat sich daraufhin dem bewaffneten jesidischen Widerstand angeschlossen.

Wir legen Sicherheitsregeln für unsere Kommunikation fest. Wir stellen den Klingelton des Handys ab und signalisieren ihm per SMS, wann günstige Zeiten für Anrufe sind.

Dosto kennt die Schleichwege in dieser Gegend wie seine Hosentasche und hat keine Probleme, unser Gefängnis-Haus auszumachen. Er erklärt uns die Beschaffenheit des Dorfes und seiner Umgebung.

Wir zeichnen nach seinen Angaben eine Karte. Seiner Meinung nach ist es möglich, in einer Nacht zu Fuß zur Widerstandsgruppe zu gelangen, die unweit von Rasty auf einer Anhöhe des Sindschar-Gebirges einen Vorposten hat, der dem IS standhält. Der Marsch wird mit Sicherheit schwierig werden, denn es sind 1000 Meter Höhenunterschied zu überwinden, ohne dass wir von den Dschihadisten bemerkt werden dürfen, und wir müssen eine Frontlinie überqueren.

»Ich kann euch telefonisch aus der Ferne lotsen und euch sagen, welche Wege ihr nehmen sollt«, schlägt er vor.

Unser Entschluss steht fest. Wir werden die Flucht wagen, sobald sich die erste Gelegenheit dazu bietet, auch auf die Gefahr hin, improvisieren zu müssen.

Mehr als elf Wochen sind seit meiner Entführung verstrichen. Beinahe drei Monate des Leidens und der Sklaverei. Ich habe vor meinen Kerkermeistern oft den Kopf gesenkt, aber ich habe mir den Drang bewahrt, für mein Überleben zu kämpfen.

Unsere Gebieter haben den Druck etwas gelockert. Nicht aus Gutherzigkeit, sondern weil sie mit ihren Gedanken woanders sind. Wenn sie in ihren Schlupfwinkel kommen, dann nur, um sich auf ihre Strohsäcke zu werfen. Houssam, der Aufseher, ist verschwunden. Er soll als Verstärkung an die Front geschickt worden sein. Es gibt keinen ausgewiesenen Ersatz, aber der Eingang zum Haus scheint bewacht zu werden und die Lebensmittel für die Mahlzeiten in der Kaserne des »Islamischen Staates« und für unsere Unterdrücker werden von einem neuen Bärtigen in Militärjacke gebracht.

Wir haben drei Handys voll aufgeladen und sind bereit, als weibliche Kommandotruppe zur Tat zu schreiten. Wir werden versuchen, ohne Vermummung zu fliehen. Es würde auch nichts nützen, wenn wir uns als fromme Musliminnen verkleiden würden. Bei einer Kontrolle durch den IS wären wir schnell entlarvt, denn eine Gruppe von sechs Spaziergängerinnen mitten auf dem Land wäre mehr als merkwürdig. Und sollten wir Peschmerga begegnen, könnten sie uns für Selbstmordattentäterinnen halten.

Die beiden Abus haben uns einen Vorrat an religiöser Bekleidung zur Verfügung gestellt. Da wir »ihre Frauen« sind, müssen wir uns im Haus nicht verschleiern und aus dem Haus gehen dürfen wir ohnehin nicht … Nur Bouchra hat den *niqab* getragen, als sie ihren Bruder in Tal Afar besucht hat. Ich selbst habe mich nie in diesen schrecklichen Schleier mit oder ohne Netz gehüllt und auch nie in eine *abaya*. Diese islamische Kleidung ist ein wahres Gefängnis. Es wundert mich nicht, dass sie den Unmenschen gefällt, die uns hier gefangen halten.

Wir behalten unsere Sommerkleidung an, obgleich sich das Wetter geändert hat. Die unerträgliche Sommerhitze ist vorüber. Es hat sogar zum ersten Mal seit Mai wieder geregnet, und es gab heftige Gewitterschauer.

Auch an der Front scheint ein Gewitter zu grollen. An diesem Abend kommen die beiden Abus erschöpft und genervt zurück. Abu Anas wirft einen Sack in den Flur, der so schwer ist, dass er ihn nur mit Mühe tragen konnte. Ich weiß nicht, was er enthält. Vielleicht kugelsichere Westen. Abu Omar stürzt in die Küche, um sich ein kohlensäurehaltiges Getränk aus dem Kühlschrank zu nehmen, ohne dabei auf Djamila zu achten, die gerade das Essen vorbereitet.

»Willst du auch etwas trinken?«, fragt der Imam den Polizisten.

»Es tut mir leid, dass der arme Houssam tot ist. *Allah y Rahmou!* Gott sei seiner Seele gnädig.«

»Er war tapfer«, antwortet Abu Anas.

»Heute Nacht haben wir tatsächlich niemanden, der das Haus bewacht. Der Nachtwächter ist als Ersatz für Houssam in Sindschar und in der Kaserne herrscht Chaos. Aber ich bin müde, wir regeln das morgen Vormittag«

»Du hast recht. Ich bin auch kaputt. Gehen wir schlafen.«

Sobald von oben keine Schritte mehr zu hören sind, erledigen wir die letzten Vorbereitungen für unsere Flucht. Nun ist Stille angesagt. Ab sofort ist Sprechen verboten. Wir verständigen uns mit Gesten. Wir wollen unsere Schuhe in der Hand tragen und das Dorf barfuß verlassen, um keinerlei Geräusche zu erzeugen. Die Eingangstür ist abgesperrt, die Läden sind geschlossen und die Fenster zugemauert.

Wie geplant schleichen wir uns zur Terrassentür hinaus. Eine nach der anderen klettern wir über den Zaun. Nun sind wir auf der Straße, im Schutz eines Mäuerchens. Vor uns liegen 20 Meter, die wir ohne Deckung überwinden müssen, bevor wir rechts abbiegen können und aus dem Blickfeld der Insassen der IS-Kaserne kommen.

Vor dem Haus der Dschihadisten zeichnet sich kein Schatten ab. Der Weg ist frei. Wir stürzen uns auf die Straße wie ein Schwarm Spatzen. Von der Angst getrieben, eine Ladung Munition in den Rücken zu bekommen, laufe ich auf Zehenspitzen bis zur Straßenecke. Ich drehe mich um. Djamila ist die Letzte in der

Gruppe. Nun gehen wir im Gänsemarsch bis zum Dorfende, wobei wir dem Weg folgen, den wir von der Terrasse des Hauses aus studiert haben. Plötzlich lähmt uns das Geräusch eines Motors. Autoscheinwerfer nähern sich. Wir verstecken uns hinter einem Holzzaun. Mein Bauch verkrampft. Das Fahrzeug verlangsamt auf unserer Höhe, um das Wrack eines umgestürzten Autos zu umfahren, bevor es abbiegt und in Richtung des Dschihadistenlagers verschwindet. Unbemerkt setzen wir unseren Weg durch das Geisterdorf fort. Mit dem Zeigefinger auf dem Mund schleicht Naline voran. Wir kommen an einem Gebäude vorbei, das durch ein Feuer zerstört wurde. Am Ortsende biegen wir auf einen aufgeweichten Feldweg ab.

Angespannt ruft Naline Dosto an. Sie hat ihn per SMS über unseren bevorstehenden Ausbruchsversuch informiert, aber nun muss der Kontakt wiederhergestellt werden.

»Es läutet, aber er geht nicht dran«, flüstert sie.

Beim zweiten Versuch klappt es. Mit dem Handy am Ohr beschreibt Naline unsere Umgebung: Wiesen mit einigen Sträuchern, die von einer schmalen Sichel des zunehmenden Mondes erhellt werden. Es muss etwa Mitternacht sein. Dosto errät unsere Position, gibt sie in sein GPS ein und erteilt dann seine Anweisungen. Naline erinnert mich an eine Blinde, die aus der Ferne von einem unsichtbaren Blindenhund geführt wird.

Der Weg ist noch immer überschwemmt. Wir laufen etwa 30 Minuten durch den Schlamm. Die Mondsichel, die uns bisher geleuchtet hat, ist hinter Wolken verschwunden. Die Nacht ist rabenschwarz. Naline hat die Orientierung und die Verbindung zu Dosto verloren. Ich höre sie fluchen: »Scheiße, das klappt nicht.« Mir scheint, dass wir im Kreis gehen. Als wir endlich wieder Empfang haben, verkündet uns unser Lotse, dass wir geradewegs auf einen Kontrollpunkt des IS zugehen. Sofort machen wir kehrt.

Wir müssen ein Wadi finden, das vom Berg herabführt. Sobald wir dort sind, können wir dieses Flussbett hinaufsteigen bis zur Quelle, um das Land der Freiheit zu erreichen, die Hochebene des Sindschar-Gebirges.

Das Wadi bildet einen breiten, etwa einen Meter tiefen Graben. Im Sommer ist es ausgetrocknet, in diesem regnerischen Oktober jedoch voller Schlamm. Den Anweisungen folgend, laufen wir immer zu zweit nebeneinander weiter. Naline und Bouchra gehen voraus, Djamila und Evara folgen in einem Abstand von etwa 15 Metern, ich beschließe den Zug mit Hevy. Stellenweise reicht mir der Schlamm bis zu den Waden. Die Regengüsse haben viele Wasserlöcher entstehen lassen, die uns in der kleinen Schlucht Fallen stellen.

Noch laufen wir in der Ebene, aber die schlammige Piste, die sich zwischen den Erhebungen hindurchschlängelt, wird bald steil ins Gebirge hinaufführen. Meine Gedanken werden gänzlich von der Gefahr, auszurutschen oder zu stürzen, beherrscht, sodass ich nicht auf das Hundegebell achte. Erst als ich ganz in der Nähe in der Dunkelheit ein Knurren vernehme, stehen bleibe und den Kopf hebe, entdecke ich die Silhouette der Tiere: Es scheinen große, ausgewilderte kurdische Schäferhunde zu sein. Aggressiv fletschen sie am Rand des Grabens ihre Fangzähne, zögern jedoch, sich in das Wadi vorzuwagen. Sie folgen unserer Witterung. Vorsichtshalber hebe ich einen großen Stein auf. Das Rudel gibt ein beängstigendes Gejaule von sich. Wir bleiben stehen und hoffen, sie so zu beruhigen, als Schüsse ertönen. Zweifellos aus einer Kalaschnikow. Verängstigt verschwinden die Hunde. Wer schießt da? Wir rücken eng zusammen und gehen langsam weiter.

Dosto beruhigt uns am Telefon:

»Macht euch keine Sorgen, das müssen Peschmerga sein, aber versucht, nicht aufzufallen, man kann nie wissen.«

Das Gebirge ist ein riskantes Gelände, hier sind Dschihadisten und Peschmerga unterwegs, ohne dass man die einen immer von den anderen unterscheiden könnte. Die Kämpfer beider Seiten vermummen sich, um den Feind besser überraschen zu können. Dosto rät uns, doppelt wachsam zu sein. »Vertraut weder dem Aussehen noch der Kleidung. Nur Mut! Ihr seid auf dem richtigen Weg!«

Seine Aufmunterung tut uns gut. Das Wadi verwandelt sich in eine steile und glatte Rutschbahn. Nun beginnt der Aufstieg. Der Weg ist halsbrecherisch.

Bouchra, die wir zur Kundschafterin bestimmt haben, weil sie die Sportlichste von uns ist, geht in zügigem Tempo voraus. Ihr Sturz in ein tiefes Loch, aus dem sie sich nur mit Mühe befreien kann, dämpft ihren Elan ein wenig. Sie ist nun bis auf die Knochen durchnässt und hat bei dem Unfall ihre Schuhe verloren. Erschöpft verlangt Djamila, die sich den Knöchel verstaucht hat, eine Pause. Naline fährt sie brutal an: »Wenn du eine Pause machst, dann gehen wir ohne dich weiter.« Humpelnd läuft sie daraufhin weiter.

Die vierte Stunde unserer nächtlichen Expedition bricht an. Ich habe nicht die Absicht, nach so vielen Prüfungen aufzugeben. Ebenso wenig wie Hevy, meine Partnerin. Einer ihrer Schuhe ist auf einer scharfen Steinkante kaputtgegangen, doch sie schenkt dem keine Beachtung. Erst eine Schnittwunde in der Fußsohle bereitet ihr solche Schmerzen, dass sie meine Turnschuhe annimmt.

Unsere Flüchtlingsgruppe bewegt sich in einem jämmerlichen Tempo vorwärts. Nun bin ich mit einer Verletzung an der Reihe. Als ich auf scharfkantigen Kieseln ausrutsche und hinfalle, verletze ich mich an der Wade. Es fließt reichlich Blut. Endlich schlägt Naline eine Pause vor.

»Nach meinen Berechnungen habt ihr den härtesten und gefährlichsten Teil der Strecke geschafft. Ihr seid jetzt in einem Gebiet, das von den Kurden kontrolliert wird, aber dennoch habt ihr das Ende eurer Mühen noch nicht erreicht«, erklärt unser Lotse am Telefon. »Es wird bald hell. Ruht euch ein wenig aus und geht in einer Stunde weiter. Übrigens zum Thema Gefahr: Ich wollte euch nicht beunruhigen, aber die Schüsse, die ihr vorhin gehört habt, können nur von Leuten des IS abgefeuert worden sein. Ihr seid wahrscheinlich, ohne es zu wissen, an einem ihrer Vorposten vorbeigekommen. Ihr könnt von Glück reden, dass die Hunde nicht zurückgekommen sind. Ihr Gebell hätte die Dschihadisten veranlasst nachzusehen, was auf der anderen Seite des Wadi los ist.«

Der Sonnenaufgang über dem Gebirge ist grandios. Die weiße Scheibe, die in den rötlichen Himmel aufsteigt, erfüllt mich mit Glück. Der kommende Tag ist der Tag der Befreiung.

Wir steuern auf einen Stützpunkt der kurdischen Kräfte zu. Die Wachposten wurden von Dosto über unsere Ankunft informiert, aber es läuft nicht wie geplant.

»Ich habe soeben mit dem Wachposten gesprochen: Es gibt da ein Problem«, verkündet unser Freund. »Die Wachen haben vergessen, der Ablösung die Anweisung weiterzugeben. Geht noch nicht dorthin, das könnte böse enden. Die Wachablösung könnte euch für eingeschleuste feindliche Elemente halten. Ich werde hinuntergehen und ihnen die Situation persönlich erklären. Wartet auf mich.«

Die Erlösung ist nah, aber das Warten scheint uns endlos zu dauern. Wir sitzen in der Mulde des Wadi, nur ein paar Hundert Meter unterhalb des kurdischen Vorpostens. Und Dosto ruft nicht an.

Naline hat aus ihrer Jackentasche mein Erinnerungsfoto von Walid und mir als Liebespaar gezogen.

»Es ist Zeit, dass ich dir dein Talisman-Foto zurückgebe«, sagt sie und reicht mir das Foto.

Ich zucke mit den Achseln.

»Ich brauche es nicht mehr. Jetzt möchte ich Walid lieber persönlich sehen ... Weißt du, ich habe Angst vor seiner Verzweiflung. Wenn er sterben müsste, würde ich auch sterben.«

»Mach dir keine Sorgen. Du wirst ihn bald wiedersehen, und ihr werdet euch noch mehr lieben als zuvor. Prüfungen stärken die Gefühle. Davon bin ich überzeugt.«

Dosto wird bei dem Wachposten einem strengen Verhör unterzogen. Die Kämpfer sind misstrauisch und haben Mühe, seinen etwas abenteuerlichen Bericht zu glauben:

»Wer sagt uns, dass das keine List ist? Was machen wir, wenn sich diese Frauen als verkleidete Araberinnen entpuppen?«

»Du kannst mir vertrauen. Ich kannte sie bisher nicht, aber ein absolut zuverlässiger Freund hat diesen Kontakt hergestellt. Ich bürge für sie.«

Die Milizen beschließen, uns lieber entgegenzugehen, als uns zu dem Vorposten kommen zu lassen. Eine Patrouille betritt das Flussbett, während sich eine zweite Gruppe auf einer Anhöhe hinter Felsen postiert, um die Lage zu kontrollieren. Nachdem die Kämpfer bis auf 50 Meter an uns herangekommen sind, bringen sie ihre Gewehre in Anschlag.

»Befolgt unsere Anweisungen! Ihr werdet einen Pfiff hören, er ist das Signal, dass die Erste von euch losgeht. Bei jedem weiteren Pfiff geht das nächste Mädchen los. Verstanden?«

Beim ersten Pfiff startet Naline, die Hände über dem Kopf, Bouchra folgt als Zweite, Evara als Dritte, Djamila als Vierte, Hevy als Fünfte und ich als Sechste.

»Geschafft!«, schreit Naline.

Ich lache, ich weine, ich weiß es nicht so genau. Ich muss meine Freundinnen berühren, eine nach der anderen, um mir zu beweisen, dass ich nicht träume.

Wir haben es geschafft. Ich bin eine freie Frau!

Wir bedanken uns bei Dosto, unserem Retter. Ohne ihn wäre dieser verrückte Plan niemals gelungen.

Gerührt gibt mir ein Peschmerga ein Paar Stiefel, die er bereits in sein Marschgepäck gesteckt hatte, und eine Jacke als Schutz gegen die morgendliche Kälte. Ich hänge sie mir über die Schultern, über das Kleid, das ich seit bald drei Monaten trage.

»Du könntest meine Schwester sein«, sagt er mit feuchten Augen.

Unsere Gruppe erreicht das Lager der Einheiten des jesidischen Widerstands, einen ehemaligen Schafstall, wo uns ein Arzt untersucht.

Ich frage die Milizen, ob jemand von ihnen Walid kennt.

»Ich weiß, wen du meinst. Ich bin aus Rodja, einem kleinen Dorf in der Nähe von Navdashte. Ich habe mit ihm Fußball gespielt«, meint ein etwa Zwanzigjähriger. »Hier, nimm mein Handy und ruf deinen Schatz an.«

Ich entferne mich ein paar Schritte und wähle seine Nummer, die ich auswendig gelernt habe in der Zeit, als wir uns noch heimlich liebten. Das Telefon läutet zwei, drei, vier, fünf Mal, dann hebt er ab:

»Hallo!«

»…«

»Wer ist am Apparat?«

»… «

Kein Wort kommt aus meinem Mund. Ich bin wie gelähmt.

»Jinan? Jinan, bist du das, die da weint?«

Ich würde gern sagen: »Ja, Walid.«

»Ich bitte dich, sag etwas!«

»Walid, ich bin es, Jinan.«

Die Gefühle überwältigen mich. Wir legen beide wieder auf, nachdem wir uns versprochen haben, erneut zu telefonieren, sobald wir uns etwas erholt haben. Von Krämpfen geschüttelt, zittere ich wie Espenlaub.

Unser langer Marsch ist noch nicht zu Ende. Wir müssen noch bis zum Gipfel hinaufsteigen. Das sind einige weitere Stunden Aufstieg.

Doch ich spüre keine Müdigkeit mehr. Wir werden zu einem Lager für jesidische Vertriebene geführt mit großen weißen Zelten, auf denen das Logo der Vereinten Nationen zu erkennen ist. Von Weitem sehe ich einen Mann, der einen rotweißen Turban um die Stirn geschlungen hat und mir die Arme entgegenstreckt: Es ist Khero. Walid hat ihn informiert.

»Ich bin so glücklich, dich wiederzusehen«, sagt er zu mir. Mein Schwiegervater erzählt mir, dass er seit Wochen im Gebirge ist und erst wieder hinuntergehen wird, wenn er Amina wiedergefunden hat.

Abends berichte ich ihm, wie ich im Haus von Emir Abu Moussa von seiner Tochter getrennt wurde, dem Mann, der mich am Tag der Massenverhaftungen und Massaker bedroht hatte, wie er selbst gesehen hatte.

Im Schneidersitz ballt er die Fäuste und schlägt auf den Boden: »Ich werde sie finden«, schwört er.

Die Nacht verbringe ich im Zelt der Familie von Rezan, einem Cousin. Mit meinen Kameradinnen aus der Sklaverei stehe ich auf der Passagierliste für den nächsten Hubschrauberflug zur Militärbasis Zakho in der Autonomen Region Kurdistan, in der Grenzregion zu Syrien und der Türkei. Der Flugverkehr findet täglich statt, wenn es keinen Sandsturm oder Regen gibt. Er ist die Verbindung zwischen den kurdischen Behörden und dem Widerstand im Sindschar-Gebirge, der vom IS umzingelt ist.

Mittags überfliegt die Maschine, ein alter Transporthubschrauber aus der Sowjetära, im Tiefflug das Gebirge, um mit geöffneter Tür auf einer Wiese unterhalb der Straße aufzusetzen.

Ich habe Mühe, bei dem Wind der Rotorblätter nicht umzufallen. Zwei kurdische Militärangehörige springen heraus. Ausrüstung, Reissäcke und weitere Lebensmittel werden ausgeladen. Die Peschmerga helfen unserer Gruppe beim Einsteigen.

»Lasst sie durch. Sie haben Vorrang«, schreit ein Soldat.

Es herrscht ein Gedränge, etwa 20 Kinder, Alte und Verletzte versuchen, an Bord zu klettern, um der Belagerung zu entkommen. Die Piloten sind beunruhigt. Zwei Helikopter sind bereits wegen Überladung abgestürzt. Endlich starten wir.

Ich frage den Navigator:

»Wann kommen wir an?«

»In zehn Minuten, wenn alles gut geht.«

Es ist mein erster Flug. Ich fliege wie ein Adler über unser heiliges Gebirge.

Vom Himmel aus sehen die Dutzende aufgeregter Journalisten, die uns am Rand der Landezone des Hubschrauberlandeplatzes von Pesh Khabur erwarten, wie winzige Punkte aus.

Alle gleichzeitig stellen sie uns Tausende Fragen. Ein Wald von Mikrofonen an Stangen und Fotoapparaten ist auf uns gerichtet. Sie behandeln uns wie Heldinnen. Unsere Familien sind zu unserem Empfang in einer Kaserne versammelt. Meine Eltern, meine Brüder und meine Schwester Hanan sind da. Ich laufe auf sie zu, während Papa sich aus der Menge löst, um mir entgegenzukommen. Wir umarmen uns.

Ich frage ihn:

»Wo ist Walid?«

Er lächelt, beißt sich auf die Lippen und sagt:

»Er kommt gleich, mein Kind.«

Kapitel 8:
Er hat für mich gekämpft

Die Flucht der letzten Christen —
In meinem zerstörten Dorf — Mit der Guerilla
im Sindschar-Gebirge — Aminas Flucht aus
der syrischen Gasfabrik

Seit meinem verzweifelten Anruf war Walid nur von einem Gedanken erfüllt: zu mir zu kommen. Gleich nachdem wir uns nach meiner Befreiung wiedergefunden haben, beginnt er zu erzählen, wie er sich in unsere Richtung aufgemacht hat. Er hat die Baustelle in Sulaimaniyya verlassen. Der Beton wird auch ohne ihn in die Verschalungen geflossen sein. Er wollte schnellstmöglich ins Sindschar-Gebirge gelangen, um mich zu suchen. Er wusste, dass ich irgendwo auf der Straße oberhalb des Dorfes unterwegs war, und versuchte, mit seinem Vater, seiner Mutter, seinen beiden Schwestern und seiner kleinen Nichte ein Versteck zu finden.

Er hat mir erzählt, wie er die Ereignisse erlebt hat, wie sie für ihn abgelaufen sind, wie lange das Warten, vor allem auf mich, gedauert hat. Ich möchte hier auch von den harten Wochen berichten, die er erlebt hat.

Nach meinem Anruf verlässt er die Baustelle in Sulaimaniyya, wo er am Bau eines Hotels mitgearbeitet hat. Souhil, ein Taxifahrer, willigt ein, ihn mitzunehmen. Er ist auf dem Rückweg nach Zakho im Nordosten Kurdistans, ein paar Kilometer von der türkischen und der syrischen Grenze entfernt. Souhil hat es ebenso eilig wie Walid. Er will seine Familie beruhigen, die durch die letzten Ereignisse in Sorge ist, aber es haben sich lange Staus gebildet. Im Radio kommen Sondersendungen. In der Nacht ist Qaraqosh, die größte christliche Stadt im Irak, in die Hände des IS gefallen. Die Peschmerga haben sich ins Innere ihres Territoriums zurückgezogen, um nicht in der Ebene von Ninive hinterrücks vom Feind angegriffen zu werden. Hunderttausende Menschen sind auf der Flucht, um auf kurdisches Territorium zu gelangen.

Die beiden Männer umfahren Erbil, die Hauptstadt Kurdistans, auf der Ringautobahn. Der Tankwart an einer Tankstelle ist in Panik. »Nichts kann die aufhalten. Man sagt, dass die Islamisten Erbil einnehmen werden. Anscheinend haben sie Komplizen in der Stadt«, berichtet er aufgeregt. Souhil nimmt daraufhin eine Menge Mineralwasserflaschen mit.

Ihr Wagen fährt einem unablässigen Strom von Fahrzeugen und einer Flut an Fußgängern entgegen. Dieser Zug bildet eine riesige Schlange ohne Schwanz und ohne Kopf.

Tausende von Autos und Lastwagen kommen ihnen entgegen, dreispurig, Stoßstange an Stoßstange. Sogar Traktoren sind dabei. Die Fußgänger schlängeln sich an den Straßenrändern vorbei. Koffer in der Hand und Rucksack auf dem Rücken, arbeiten sie sich durch den Staub voran.

Die Flüchtlingskolonnen entlangzufahren bedeutet, in das Unglück der anderen einzutauchen. Kinder schleppen sich dahin, Frauen schützen ihre weinenden Babys, Alte werden auf Tragen transportiert oder von ihren Söhnen gestützt. Die Sonne brennt vom Himmel. Walid lässt das Fenster herunter, um Wasserflaschen zu verteilen. Wenn er meine Telefonnummer wählt, verhallt das Klingeln im Leeren, ich antworte nicht.

An der Kreuzung der Straße nach Mossul, der etwa 40 Kilometer entfernten Bastion der Dschihadisten, kommt der Verkehr zum Erliegen. Souhil wird von Reisenden in Anspruch genommen, die auf der Suche nach einem Fahrzeug sind. Das Taxi nimmt wieder, natürlich kostenlos, seine eigentliche Bestimmung auf. Ein christliches Flüchtlingspaar mit seinen drei Kindern quetscht sich auf die Rückbank. Ihr Gepäck stapelt sich im Kofferraum, der sich, übervoll wie er ist, nicht mehr schließen lässt. Was soll's!

Souhil hat das Autoradio auf 92.25 FM eingeschaltet, die Rundfunkfrequenz des IS. Man hört das Geräusch eines startenden Motors, gefolgt von einer langen Litanei und schließlich einer Explosion. Der Sender verbreitet auf Arabisch seine Werbebotschaften für Selbstmordoperationen. Souhil übersetzt: »Unser Märtyrer hatte keine Angst vor dem Tod. Er hat Allahs Paradies erreicht, weil er die *kuffar* und die *Nasara* (Ungläubige und Christen) getötet hat.« Der Rundfunk sendet zwischen zwei Suren aus dem Koran islamische Tipps für Autofahrer, inspiriert vom Leben des Propheten ... Walid bittet den Fahrer, den Sender zu wechseln. Sie schalten um auf patriotische kurdische Gesänge.

»Danke, dass Sie die Frequenz gewechselt haben. Wir haben die Leute des Daesh gesehen und sind geflohen, um sie nicht hören zu müssen«, sagt der Familienvater, der in aller Eile nachts von einem Weiler in der Ebene von Ninive aufgebrochen ist. Er hat nun viel Zeit, ihnen die Geschichte seiner Flucht zu erzählen.

»Die Islamisten sind auf die Minarette der Moschee gestiegen, um *Allahu Akbar* zu rufen, dann haben sie das Kreuz in der Kirche herausgerissen. Wir hatten Angst, in der Dunkelheit abgeschlachtet zu werden. Sie haben uns befohlen, die Häuser zu verlassen. Wir haben das Auto genommen, mussten es jedoch stehen lassen, weil der Verkehr zum Erliegen kam.«

»Das haben Sie gut gemacht«, meint Souhil.

»Das dachten wir auch, aber wir sind ihnen im Morgengrauen am Checkpoint von Kalak, der von den Peschmerga gehalten wird, wieder begegnet. Der Morgen graute. Ich habe in der Ferne gesehen, wie sie angerast kamen in ihren Fahrzeugen mit den schwarzen Fahnen. Die kurdischen Soldaten bahnten sich einen Weg durch die Automassen, um ihnen möglichst schnell entgegenzutreten. Sie haben in die Luft geschossen, und seltsamerweise haben die Dschihadisten kehrtgemacht.«

Ihr Reisebegleiter ist völlig verzweifelt:

»Jetzt, so viel ist sicher, können wir niemals wieder mit den sunnitischen Arabern zusammenleben. In Mossul mussten die Christen wählen, ob sie konvertieren, Steuern bezahlen oder sich enthaupten lassen. Sie sind geflohen.«

»Wenigstens konnten sie zwischen Leben und Tod wählen. Die Christen sind für die zumindest Halbmenschen, aber uns Jesiden betrachten sie als Ungeziefer, das ausgerottet werden muss«, sagt Walid.

»Meiner Meinung nach werden die Christen nicht nach Mossul zurückkehren. Noch vor zehn Jahren waren wir 50 000 Christen, aber das Tragen eines Kreuzes um den Hals war bereits vor dem IS gleichbedeutend mit einer Zielscheibe auf dem Rücken – und dabei spreche ich nicht nur von Entführungen. Die Geiseln wurden oft sogar nach Zahlung des Lösegelds getötet. Die Messe wurde in Kellerräumen gefeiert. Wir haben gehofft, auf dem Land in Sicherheit zu sein, aber sie haben uns auch da eingeholt. Christen und Leute wie du haben keinen Platz in ihrem Kalifat. Ihrer Ansicht nach sollen wir uns unterwerfen oder verschwinden.«

Es wird bereits dunkel, als sie Dohuk erreichen. Die Flüchtlingsfamilie verlässt sie vor dem Hof des Bischofssitzes. Sie wollen die Nacht in den Gärten der Kathedrale verbringen, die in ein Vertriebenenlager umfunktioniert wurden.

In Zakho angekommen, erhält Walid einen Anruf seines Vaters: Er ist frei und bei guter Gesundheit. Die Dschihadisten haben ihn freigelassen, kurz nachdem er von seiner Frau, seinen beiden Töchtern, dem Baby und mir getrennt worden ist.

»Zuerst dachte ich, sie würden mich enthaupten. Wir wurden auf einem Parkplatz zusammengetrieben. Es hieß, sie wüssten nicht, was sie mit uns machen sollen. Sie wollten sich wohl nicht mit uns belasten, also haben sie zugelassen, dass wir abhauen«, erzählt er ihm.

Walid hört ihm zu, ohne ihn zu unterbrechen.

»Ich konnte mit deiner Mutter sprechen: Sie ist mit Nesrine und der kleinen Rezan zusammen. Die drei sind frei! Jinan und Amina hingegen sind nicht wieder aufgetaucht. Ich mache mir große Sorgen um sie. Es tut mir so leid, mein Sohn.«

Walid hört die Nachricht schweigend an.

Khero hat in einem Bauernhof in einem Tal des Sindschar-Gebirges bei einem seiner Cousins, einem Hirten, Unterkunft gefunden. Er beauftragt Walid, seine Mutter, Nesrine und Rezan in Empfang zu nehmen, sobald diese in Zakho ankommen, und über den Gesundheitszustand seiner Mutter zu wachen. »Es geht ihr nicht gut. Sie hat Kopfschmerzen und Probleme, den einen Arm zu bewegen. Ein Arzt hat sie untersucht: Sie leidet an einem Blutgerinnsel im Gehirn, und es besteht die Gefahr eines Schlaganfalls. Sie muss sofort nach ihrer Ankunft ins Krankenhaus in Dohuk gebracht werden. Melde dich dort bei Professor Ayaz. Er hat versprochen, weitere Untersuchungen vorzunehmen.«

Walid wird sich gedulden müssen, bevor er sich auf meine Fährte begibt. Der Übergang von Pesh Khabur jedenfalls, auf dem man die Stellungen des IS mit einem Abstecher nach Syrien umgehen konnte, ist geschlossen. Die Kurden haben diesen Bereich zur »Kriegszone« erklärt.

Walids Mutter kommt mit Nesrine und Rezan am 9. August an. Sie kann meine und Aminas Entführung nicht verwinden. Untröstlich, wie sie ist, ist ihr die Schwere ihrer Gesundheitsprobleme nicht bewusst. Ohne Zeit zu verlieren, bringt Walid sie ins Krankenhaus, wo sie operiert wird, anschließend vertraut er sie seiner Tante an.

Sofort nachdem die Straße im Sindschar-Gebirge wieder geöffnet wird, macht er sich auf den Weg. Jewan, ein Freund, begleitet ihn bei dem Abenteuer. Auch er ist auf der Suche nach seiner Frau, die zusammen mit seinem vierjährigen Sohn entführt wurde.

Den Fluss Tigris, der an dieser Stelle die Grenze zwischen dem Irak und Syrien markiert, überqueren sie an Bord eines kleinen Frachtkahns in den Farben der kurdisch-irakischen Verwaltung. Am syrischen Ufer flattert ein kurdisches Banner in Gelb, Rot und Grün. Nach dem obligatorischen Umweg über Syrien begeben sie sich auf den »Korridor zum Sindschar«, den die amerikanische Luftwaffe mit 500 Kilogramm schweren Bomben freigekämpft hat. Der Fahrer eines Lastwagens mit Lebensmitteln für die kurdischen Kämpfer nimmt sie mit. Ein Sandsturm erhebt sich, Staub und Hitze versengen ihnen das Gesicht. Sie fahren von einem Kontrollposten zur nächsten Straßensperre.

Die amerikanischen Bombardierungen haben die kleinen Forts des IS zerstört und damit die Dschihadisten aus diesem Korridor vertrieben, in den sich die Flüchtlinge drängen. Die Ruinen im Industriegebiet der Grenzstadt Rabia rauchen noch. Hier hatte mein Vater in meiner frühen Kindheit die Felder bestellt. Der

Basar ist wie leergefegt, sogar das Krankenhaus hat gelitten. Die Gebäudemauern, die noch stehen, sind bedeckt mit Graffiti in arabischer Sprache zu Ehren des »Islamischen Kalifen« Abu Bakr al-Baghdadi und mit Slogans wie »Wir wollen den Islamischen Staat« oder »Zittert, ihr Abtrünnigen, wir sind gekommen, um euch zu enthaupten«.

»Kommt ihr ins Gebirge, um zu kämpfen?«, fragt sie der Fahrer des Lastwagens, ein junger Mann mit ernsten Gesichtszügen.

»Wir suchen unsere Frauen und wollen diese Dreckskerle bekämpfen«, antwortet Jewan.

»Macht es wie ich, schließt euch den YPG an, den Volksverteidigungseinheiten. Wir sind Kurden aus Syrien und der Türkei. Wir helfen dem Volk.«

»Aber wir sind Jesiden ...«

»Wir stammen aus demselben Volk und sprechen dieselbe Sprache! Wir, die *haval* (die »Kameraden«), haben Erfahrung im Kampf gegen die Dschihadisten. Wir trotzen ihnen in unserer Provinz Rojava (dem syrischen Kurdistan) seit einem Jahr.«

Die Straße führt in engen Kurven bergauf. Es regnet noch immer Sand. Man könnte meinen, es sei Mehl. Eine dünne weiße Schicht bedeckt die Hänge und die Straße. Der Sand dringt in die Kleidung ein, obgleich die Fenster geschlossen sind. Er überzieht die Sitze, das Armaturenbrett und die Säcke. Die Sichtweite beträgt nur wenige Meter. Kommt eine Linkskurve? Eine Rechtskurve? Sie fahren im Schritttempo. Ihr Lastwagen begegnet Flüchtlingen, die hinten auf einem Pick-up zusammengedrängt sitzen, sie verlassen das Sindschar-Gebirge weiß wie Statuen.

»Das sind Nachzügler«, erklärt der Fahrer. »Es ist schon eine Woche her, dass die ersten kurdisch-syrischen und türkischen Kämpfer zum Gegenangriff ins Sindschar-Gebirge aufgestiegen sind.«

Die Strecke ist gefährlich. Die »Kameraden« überwachen das Gelände zwar, aber häufig fallen Dschihadisten hier ein.

Der Mann lässt sie bei den ersten Gebirgsausläufern aussteigen, nachdem er vergeblich versucht hat, sie für den Kampf zu rekrutieren.

Walid und Jewan nehmen eine markierte Route, die sich durch die Stellungen des IS schlängelt. Auf dem Weg wurden Dutzende Autos in Panik von Flüchtlingen zurückgelassen. Nach etwa 20 Kilometern voller Angst erreichen sie endlich ein Tal mit vielen Gemüsegärten, Weilern und Tausenden von Schafen.

Khero erwartet sie vor der Schäferei. Er ist gerade einmal 40 Jahre alt und viele halten ihn für Walids Bruder. Mein Mann empfindet ihn als sehr angespannt. Schuld daran sind die Gerüchte über das schreckliche Schicksal, das der IS seinen Gefangenen zugedacht hat.

Gemeinsam mit einigen alten Turbanträgern umringt Khero Bassem, einen jungen Mann von 24 Jahren, der mit seinem Handy hantiert. Seine Schwester Melas hat ihn angerufen, um ihm mitzuteilen, dass sie mit ihrem Mann, ihrem Schwiegervater und ihren zwei Kleinkindern gefangen genommen wurde. »Sie hat in der Schublade eines Möbelstücks im Haus, wo sie eingesperrt ist, ein Handy gefunden, und es ist ihr gelungen, es zu verstecken und zu aktivieren. Ich lade für sie ein Guthaben darauf, damit sie mich wieder anrufen kann« erklärt Bassem. »Meine Schwester sagt, die jungen und schönen Frauen wurden entführt, um als Sklavinnen verkauft zu werden. Die Älteren, die Mütter und die Hässlichen bleiben weiter eingesperrt, manchmal unter Beihilfe ihrer Nachbarn, die mit den Mördern kollaborieren«, klagt er.

»Eines ist sicher! Dieser Abschaum wird dafür bezahlen«, erregt sich Walids Vater. »Interessant ist, dass es Telefonkontakte geben kann.«

»Ich weiß von weiteren Fällen«, berichtet ein alter Mann. »Eine junge Frau konnte von Tal Afar aus ihre Mutter anrufen und ein jesidischer Mechaniker aus meinem Bekanntenkreis hat mit einer Cousine gesprochen, die zusammen mit etwa 20 Frauen und Kindern in einem arabischen Dorf gefangen gehalten wird.«

»Das heißt, es besteht die Chance, dass es unseren Kindern gelingt, uns anzurufen ...«

Khero hat sämtliche Flüchtlingszelte aufgesucht in der Hoffnung, Informationen über Amina zu erhalten.

Walid seinerseits beschließt, in Begleitung von Jewan in unser Dorf Bajarok zu gehen. Die Truppen des IS haben es unter dem Druck der amerikanischen Bomben verlassen. Der Weg ist frei!

Walid steigt den Berg mit seinem Freund Jewan hinunter. Sie kommen an leeren Bauernhöfen vorbei. Die vertraute Kulisse erscheint ihm unwirklich.

Stille hüllt Bajarok ein. Walid und Jewan sind voller Sorge, denn der IS hat die Angewohnheit, das Gelände zu verminen. Er hat Meisterschaft in der Kunst erlangt, Höllengeräte unter ein Brett oder einen Backstein auf einer Straße oder in einem Garten zu legen. Die Häuser im Ortszentrum wurden mit dem Bulldozer dem Erdboden gleichgemacht, die Läden des Souk geplündert und in Brand gesteckt. Autos, die nicht gestohlen werden konnten, wurden ausgeräumt. Die Wracks liegen auf der Seite.

Walid betritt unser Grundstück. Im Garten steht die Volière offen. Die Kanarienvögel sind fortgeflogen und haben auf dem Boden kleine weiße Eier zurückgelassen. Unser Haus wurde geplündert. Der Fernseher ist verschwunden und die Waschmaschine wurde mit einem Hammer zertrümmert. Er sortiert, kehrt und räumt die Trümmer weg, das Herz schwer angesichts dieses Unglücks.

Walid und Jewan begeben sich zu der Handvoll kurdischer Verwaltungsangestellter, die, mit einer Kalaschnikow über der Schulter, über das unbewohnte Dorf wachen. Die Vorräte eines wie durch ein Wunder verschont gebliebenen Lagers versorgen sie mit Konservendosen, Whiskyflaschen und Energydrinks. Sie schließen sich den Wachen an, die Schäden registrieren, Häuser sichern und Diebstähle verhindern. Heute hat Hassan, ein Mitglied der DPK, der Partei von Präsident Barzani, am Straßenrand außerhalb des Dorfes zwei Leichen bestattet. »Es roch nach Verwesung. Wir sind hingegangen und haben in der Wiese zwei Leichen entdeckt. Es waren Amer und Meriem, ein altes Paar. Kennst du sie?«, fragt er.

»Ich kenne ihre Enkel.«

»Vermutlich haben sie sich geweigert, zu konvertieren. Sie bekamen ein paar Kugeln in den Rücken. Ihre Augen waren geschlossen, der Kopf nach hinten gekippt. Ich frage mich, wer von beiden zuerst gestorben ist.«

Die Atmosphäre des Todes in Bajarok deprimiert Walid. Wenn er im Dorf bleibt, wird er mich nicht finden. Am liebsten würde er die Frontlinie überqueren und in die Gebiete vorstoßen, die vom IS besetzt sind, bis Mossul und wenn nötig bis nach Syrien.

»Du bist ja verrückt! Man würde dich verhaften mit zwei Optionen: Entweder man enthauptet dich oder du kommst ins Gefängnis. Ich fürchte, sie werden bei dir die erste Lösung wählen«, warnt ihn Jewan.

»Na und?«

»Na und? Dann wirst du genauso mausetot sein wie der alte Amer und seine Frau. Gib die Hoffnung nicht auf. Noch nicht. Es wäre besser, mit den jesidischen Brigaden zu kämpfen.«

Bereits am nächsten Tag erreichen sie über die Hügel Mazar Sharaf al-Din. Hier ruhen einige unserer meistverehrten Heiligen.

Das Wallfahrtzentrum liegt unter dem Beschuss von Hecken-schützen des IS. Es ist ein erbitterter Kampf. Dutzende junger Jesiden machen sich auf den Weg zu der heiligen Stätte. Sie schlie-ßen sich der Einheit zum Schutz des Shingal an, der jesidischen Miliz, die gegen die Belagerung des IS kämpft. Viele von ihnen sind wie Walid und Jewan auf der Suche nach Angehörigen.

In der großen Empfangshalle des Mazar Sharaf al-Din werden sie von Heydar begrüßt, einem Sohn von Qasim Shesho, dem Chef der jesidischen Miliz.

»Könnt ihr mit einem Gewehr umgehen?«, werden sie gefragt.

»Nicht wirklich. Mein Vater hat mich, als ich noch jünger war, in den Bergen einmal seine Kalaschnikow ausprobieren lassen. Ich habe eine Ladung verschossen wie alle Jungen meines Alters, aber ich weiß nicht, wie ein Maschinengewehr funktioniert.«

»Das wirst du lernen. Hast du eine Waffe?«

»Ich habe aus der Schäferei meines Onkels eine Kalaschnikow und ein Paar Stiefel mitgenommen und mein Freund Jewan hat ein Gewehr.«

»Perfekt, Jungs. Wir ziehen Neuzugänge vor, die ihr eigenes Material mitbringen. Wir werden dir das Schießen beibringen, aber du wirst ganz von allein Fortschritte machen, wenn du auf diese ›Bestien‹ des IS zielst. Holt euch in der Waffenkammer Munition.«

Das Waffenlager ist ein Eisenschrank, in dem ein Dutzend Kalaschnikows und Holzkisten mit Munition aufbewahrt sind.

Ein Ausbilder gibt Walid eine Einführung in den Umgang mit dem AK-47. Er lernt, es zu zerlegen und wieder zusammenzu-setzen.

Nun ist er bereit, mit einer Antiquität in Händen und zwei Magazinen mit je 30 Schuss Munition, die Dschihadisten zurück-zuschlagen.

»Mehr haben wir nicht, mein Junge. Du musst sinnvoll damit umgehen«, sagt der Ausbilder, als er ihm seine Munition gibt.

Walid testet seine Kalaschnikow an Limonadedosen, die etwa 50 Meter entfernt aufgestellt sind. Das Ergebnis ist wenig überzeugend. Er bekommt tägliche Übungseinheiten.

Das Leben bei Mazar Sharaf al-Din ist hart. Es fehlt an allem. Walid wird einer Gruppe von zehn Männern zugeteilt. Kheder beauftragt sie mit der Organisation des Nachschubs und der Überwachung.

Walid schiebt Wache auf einer Anhöhe oberhalb des Tempels. Hinter einem Mäuerchen verborgen, beobachtet er durch das Fernglas die Islamisten, die eine Kreuzung besetzt halten, von hier werden Granaten abgefeuert, deren Flugbahn dem Zufall überlassen bleibt. Dank der Bombardierungen des IS durch die Koalition hat sich der Druck um sie herum etwas gelockert. Doch der IS ist noch immer am Ende der Straße postiert, etwa einen Kilometer entfernt. Die Dschihadisten, die mit Panzern und Langwaffen ausgerüstet sind, starten ihre Sturmangriffe in Wellen. Ihre Gegner halten dank ihrer Granatwerfer und Kalaschnikows stand.

Die IS-Kämpfer sind gezwungen, auf dem wüstenartigen Gelände ungedeckt vorzurücken. Gelegentlich unternehmen sie auch Selbstmordattentate. Ein solcher Angriff mit einem gepanzerten Fahrzeug hätte beinahe Erfolg gehabt. Walids Kameraden haben das Fahrzeug beschossen, ohne es aufhalten zu können. Im letzten Moment konnte es durch eine RPG-Rakete am Eingang zu den heiligen Stätten gestoppt werden. Die spektakulärste Aktion fand jedoch erst nach Walids Fortgang statt. Ein Lastwagen mit versteckter Sprengladung ist, von einem Selbstmordattentäter des IS gesteuert, auf den Tempel zugerast. Seine Fahrt wurde durch den Abschuss einer Abwehrrakete gestoppt. Das Fahrzeug enthielt 1,5 Tonnen TNT. Der IS hat die Aktion gefilmt und ins Netz gestellt. Das Video ist auf YouTube noch immer verfügbar: Man sieht einen Dschihadisten, der sich vorbereitet, das Fahrzeug mit seinem Sprengstoffgürtel besteigt und auf das Ziel zurast. Man erkennt die Explosion und hört die Jubelschreie der Dschihadisten, aber der Film zeigt das Wesentliche nicht, denn der Selbstmörder hat sein Ziel verfehlt. Vor Bildern muss man sich hüten. Die Propaganda hat nur selten Ähnlichkeit mit dem Krieg, so wie er wirklich ist!

Nach diesem verfehlten Attentat sprach Qasim Shesho, der oberste Chef der Miliz, von einem Wunder: »Es ist ein Wunder. Danken wir dem Engel Pfau«, wiederholte er mit seiner rauen, von den vielen Zigaretten kratzig gewordenen Stimme. Bei seinen Feinden trägt er den Spitznamen »Shesho der Terrorist« und bei den Kurden heißt er »Qasim der Sechste«, um die Bedeutung seines Clans zu unterstreichen. Oft ist er von seiner militärischen Familiengarde umgeben, die aus seinen vier älteren Söhnen besteht. Qasim Shesho ist ein gefürchteter Kriegsherr und ein Großgrundbesitzer. Als Verbündeter von Masud Barzani, dem Präsidenten der Autonomen Region Kurdistan, hat er nach einem Aufstand der Kurden gegen Saddams Regime 25 Jahre im Exil in Bielefeld in Deutschland gelebt. Gern behauptet er scherzhaft, die Hälfte des jesidischen Gebietes im Westen des Sindschar-Gebirges gehöre ihm. Wahrscheinlich entspricht das zur Hälfte sogar der Wahrheit.

Qasim Shesho hinkt. Er hat sich im Urlaub in einem Badeort in der Türkei das Bein gebrochen. Nachdem er im Juli nach Deutschland zurückgebracht worden war, ist er schnurstracks nach Kurdistan zurückgekehrt, sobald er begriff, was sich dort anbahnte. Am 3. August, dem Tag der Offensive des IS, war er mit etwa 20 Mann zur Stelle, um Mazar Sharaf al-Din zu verteidigen. Einen Monat später hat er einen 150-prozentigen Erfolg zu verbuchen, und es schließen sich ihm ständig neue Mitglieder an.

Walid schläft in einem großen Gemeinschaftszelt. Auf einen Hang des Hügels haben seine Kameraden mit weißen Steinen »HELP US«, geschrieben eine Botschaft, die von den Jagdflugzeugen und Satelliten aus gelesen werden kann, die den Bereich überfliegen.

Mit Kalaschnikows bewaffnet bewachen unsere Geistlichen, die Pirs, den Tempel. Allerdings lassen sie ihr Gewehr im Vorraum, wenn sie sich im Inneren des Heiligtums zur Andacht versammeln.

Bei einer Bergbegehung gelangt mein Mann in ein Tal und zu einem Lager, wo kurz davor überraschend eine Gruppe junger Mädchen angekommen ist, die aus Gefängnissen des IS geflohen sind. Tausende Neugierige sind vor ihrem Zelt versammelt, um ihre Befreiung zu feiern. Walid schlängelt sich mit einem Foto von mir in der Hand bis zu den Flüchtlingen durch. Doch keine von ihnen ist mir begegnet! Enttäuscht bleibt er noch eine Weile in dem Lager, in dem die verrücktesten Gerüchte kursieren. Ein Vater flüstert ihm zu, dass er in der Hoffnung gekommen ist, seine beiden Töchter zurückzubekommen. Sie sind in einem Dorf in der Ebene Gefangene der Islamisten. Er hat den Gefängniswärtern, die mit ihm telefonisch Kontakt aufgenommen hatten, um ihm einen Rückkauf der Mädchen vorzuschlagen, 1500 Euro bezahlt. Eine Praxis, die immer häufiger vorkommt. »Schau da unten, das Dorf in der Ferne ist Bahaj. Dort hat Daesh eine Militärbasis und ein islamisches Gericht eingerichtet. Araber, aber auch islamisierte Kurden der Region haben sich ihnen angeschlossen. Dort unten sind meine Kinder«, erzählt er und deutet mit einem Finger auf einen dunklen Fleck in der Ferne.

Die kurdischen Kämpfer aus Syrien und der Türkei, die »Kameraden« der YPG, haben ihr Hauptquartier in der ehemaligen Zitadelle auf dem Gipfel aufgeschlagen. Walid begibt sich dorthin und hofft, den kurdisch-syrischen Fahrer dort zu treffen, der Jewan und ihn von Rojava hierher mitgenommen hat, aber er ist nicht dort. Er soll an eine andere Front gewechselt haben. Walid kennt seine wahre Identität nicht. Die Freiwilligen der YPG nehmen, wenn sie der Guerilla beitreten, einen Kriegsnamen an, genau wie die Mitglieder des IS. Anders als diese glauben die »Kameraden« nicht an Gott, sie stehen dem Kommunismus nahe und haben viele Frauen in ihren Reihen. Die andere kurdische Gruppe, die Peschmerga, sind ihre Freundfeinde im Irak. Die beiden kurdischen Fraktionen gehen ihre eigenen Wege. Die Peschmerga haben sich abseits eingerichtet, im Betriebsraum eines Hochspannungsmasts.

Abends, in der Kühle der Hochlage, dreht sich die Unterhaltung um die Tragödie vom August. Nayef, ein Einwohner aus Kocho, erzählt: »14 Tage nachdem sie in unser Dorf gekommen sind, haben die Mitglieder des Daesh die Männer und Jungen in einer Schule versammelt und auf Pick-ups verladen, um sie aus dem Dorf zu bringen.« Er berichtet davon sicher schon zum hundertsten Mal, aber immer wieder aus demselben Bedürfnis heraus, die Taten zu bezeugen. Einem Überlebenden zufolge wurden sie gezwungen, sich eng aneinandergedrängt hinzuknien. »Dann haben sie von hinten das Feuer auf sie eröffnet. Die Frauen wurden in Richtung der Stadt Sindschar mitgenommen. Ich weiß nicht genau, wohin dort.«

Wenn sie tatsächlich durch Sindschar gekommen sind, sind sie nicht dort geblieben, denn durch die Stadt zieht sich inzwischen die Frontlinie. Die Kämpfer vor den Toren kommen kaum voran. In den Gassen der Altstadt trennen rund 50 Meter die Kämpfenden beider Lager. Nachts belauschen sich die Kriegführenden gegenseitig über Walkie-Talkies, die auf die Frequenz des Feindes eingestellt werden. Die Unterhaltungen des IS sind verschlüsselt.

»Verkäufer« bedeutet »Jagdflugzeug« und die Ankündigung, dass ein Kämpfer zu »einem Besuch seiner Familie« aufgebrochen ist, heißt, dass er tot ist. Die Mitglieder des IS wissen natürlich, dass sie abgehört werden. Sie nutzen dies auch, um Predigten zu halten: »Ihr wollt uns töten?«, fragt ein Geistlicher. »Dann solltet ihr wissen, dass wir hier sind, um dem Tod zu begegnen. Er macht uns keine Angst. Er ist willkommen, *Inschallah.*«

In dieser Ecke wird Walid mich nicht finden. Dieser Meinung ist auch sein Vater, der ihn bittet, aus der Gegend um Dohuk in der Autonomen Region Kurdistan im Irak zurückzukommen, um sich um seine Mutter zu kümmern. Walid hat keine andere Wahl, als zu warten, wobei er insgeheim eifersüchtig ist auf diejenigen, deren Frauen dem IS entkommen sind. Zu diesem Zeitpunkt, Ende September, sind es rund 100, denen die Flucht gelungen ist. Eine begrenzte Anzahl, zu der jedoch, zu seiner großen Freude, seine Schwester Amina zählt.

Sie ist durch ein Loch im Gitterzaun ihres Gefängnisses, einer Gasfabrik in der Region Deir ez-Zor in Syrien, geflohen. In einer mondlosen Nacht ist sie mit drei anderen Gefangenen geflüchtet. Die jungen Mädchen haben an die Tür eines abseits gelegenen Hauses geklopft. Der Bewohner hat lange gezögert, bevor er ihnen Unterschlupf gewährte. Er hatte große Angst. Als Angestellter der Mineralölfabrik hatte er die nicht unbegründete Furcht, vom IS getötet zu werden, falls entdeckt würde, dass er sie versteckte. Schließlich hatte er aber doch Mitleid und ließ sie herein. Sie konnten die kurdisch-irakischen Behörden alarmieren. Der Mann handelte aus Menschlichkeit, aber nicht ganz uneigennützig, denn er bekam eine hohe Belohnung, die verbissen ausgehandelt wurde.

Doktor Noori Abdulrahman, ein Verantwortlicher der Regierung der Autonomen Region Kurdistan, organisierte die Ausschleusung von Erbil aus. Ein Mittelsmann, den wir Abu Hadji nennen, um ihn nicht zu gefährden, übernahm die geheimen Verhandlungen, ein Wohltäter. Er hat aus eigener Tasche den Rest der Summe übernommen, die für Aminas Befreiung bezahlt wurde. Khero konnte nur 3000 Dollar aufbringen, die er sich von Verwandten geliehen hat. Ein Schleuser hat die Mädchen bis zu dem vordersten Checkpoint gebracht, der den IS und die YPG, die Volksverteidigungseinheiten, trennt. Er hat sie hinten in einem mit Stroh beladenen Lastwagen versteckt, der eine offizielle Erlaubnis vom IS besaß. Das Fahrzeug kam ohne Zwischenfall durch die Straßensperren.

Walids Schwester spricht nicht über ihre Gefangenschaft. Sie hat zwei mörderische Bombardierungen der Koalition überlebt. Sie gehörte zu einer Gruppe von acht Mädchen, die als Sklavinnen von 300 Dschihadisten gehalten wurden, darunter viele Ausländer, Ägypter und Asiaten. Sie wurde geprügelt und gezwungen, zum Islam zu konvertieren. Im Juni 2015 haben Amina und ihre Mutter die Region verlassen, um sich in Deutschland niederzulassen.

Kapitel 9:
Ich will, dass die Welt das erfährt

Walid, der Wohlwollende — Unter dem Schutz der kurdischen Polizei — »Verändere das Ende deines Albtraums« — Bei Baba Sheikh, unserem »Papst« — Flüchtling unter Flüchtlingen

Die Besucher drängen sich zu meiner Begrüßung vor dem Zelt meines Onkels in dem riesigen Vertriebenenlager von Derabon an der Grenze zwischen dem Irak, der Türkei und Syrien. 200 Angehörige und einige Neugierige feiern meine Befreiung. Die Menge der Anwesenden teilt sich, um Walid durchzulassen. Wegen einer Autopanne kommt er erst spät unter Hochrufen an. Wir ziehen uns hinter die Zeltplane zurück, um uns lang zu umarmen. Er spricht leise mit mir. Ich hatte mir unser Wiedersehen immer wieder ausgemalt, aber in meiner Vorstellung war es diskreter. Ich hatte auch nicht ermessen können, wie intensiv es sein würde. Ich sinke in seine Arme, erschöpft von der Anspannung, der Müdigkeit und von meinen Gefühlen überwältigt.

Ich werde bei einem Onkel von Walid wohnen, der bereits ihn und seine Familie in einem jesidischen Dorf in der Region Dohuk

aufgenommen hat. Also verabschiede ich mich von meinen Kameradinnen der Gefangenschaft. Wir zerstreuen uns in alle Richtungen, ohne zu wissen, ob wir uns je wiedersehen werden. Das
Schicksal trägt uns fort. In unserem Schlafraum hatten wir
leise darüber gesprochen. Unsere Träume halfen uns, durchzuhalten. Ich war die einzige Verheiratete in der Gruppe. Ich kehre zu
meinem Ehemann zurück, während meine Freundinnen sich wieder in ihre Familie einfügen. Naline wird sich bei ihren Eltern in
Erbil erholen. Sie könnte zu ihrem Bruder nach Deutschland
gehen. Djamila hofft, ihr Studium fortsetzen zu können, jedoch
nicht in Mossul, wo der IS die als nicht islamisch angesehenen
Fächer vom Lehrplan der Universität gestrichen hat. Bouchra,
Hevy und Evara gehen in Lager in Kurdistan, die überquellen von
jesidischen, christlichen oder sabäischen Flüchtlingen, den Jüngern von Johannes dem Täufer, für die Jesus und Mohammed
Betrüger sind.

Wir fürchten uns vor den Reaktionen unserer Umgebung.
Nachdem wir es mit der Grausamkeit des IS zu tun gehabt haben,
laufen wir nun Gefahr, allgemein als Schandfleck angesehen zu
werden. In unseren orientalischen Gesellschaften ist es schwer,
wenn man als Frau das Opfer einer Entführung und Vergewaltigung wurde. Der Ehrenkodex der Jesiden verurteilt uns dazu,
abgelehnt zu werden, als Schandfleck angesehen, verbannt und
gelegentlich sogar schlicht und einfach körperlich eliminiert zu
werden. Vergewaltigung ist bei uns ein Tabuthema. Der Übertritt
zu einer anderen Religion ist nach unseren Sitten und Gebräu-
chen verboten. Wir werden als Jesiden geboren und bleiben es.
Ein Wechsel des Glaubens bedeutet den endgültigen Ausschluss
aus der Gemeinschaft. Ich wurde nicht vergewaltigt und meine
Konversion war eine Farce, aber ich fürchte dennoch das
Schlimmste.

Ein paar Tage nach unserer spektakulären Rückkehr meldet sich Bouchra bei uns. Sie nimmt mit Walid Kontakt auf, um ihm vorzuschlagen, mich nach Dohuk zu begleiten, damit ich mich, wie unsere Haftkameraden, beim Zentrum gegen den Völkermord registrieren lasse, der Kommission, die sich mit Verbrechen befasst, die gegenüber den Jesiden begangen werden. »Wir gehen mit unseren Eltern dorthin«, erklärt sie.

Die von der Regierung der Autonomen Region Kurdistan eigens zu unserer Unterstützung ins Leben gerufene Organisation ist in Dohuk stationiert, dem Epizentrum des Rückzugs der Jesiden ins kurdische Hinterland. Wir sind jetzt, Ende Oktober, bereits rund 100 Frauen, denen es gelungen ist, den Dschihadisten zu entwischen, und fast täglich schaffen es weitere geflüchtete Frauen, das gelobte kurdische Land zu erreichen. Dennoch lehne ich die Einladung der Kommission ab.

Im Augenblick zählt für mich nur Walid. Mein Ehemann ist voll zärtlicher Liebe und Verständnis. Ich habe mich ihm anvertraut. Geduldig hört er mir zu, ohne über mich zu urteilen. Ich verberge ihm nichts, er soll alles wissen. Aufmerksam und wohlwollend bestärkt und tröstet er mich. Ich erzähle ihm vom Gefängnis in Badusch, den Häusern, in denen Sklavinnen verkauft wurden, von Amina, von der Gewalt der Folterer, von den Vergewaltigungen von Hevy und Evara, von dem Unglück, das Suzane widerfuhr, die sexuell missbraucht und nach Rakka in Syrien verschleppt wurde, von den Launen von Emir Abu Moussa, unserem Peiniger. Ich erspare ihm kein Detail.

»Das sind keine Menschen, sondern Tiere. Wie können sie so schlecht sein? Sie haben doch auch eine Mutter und Schwestern. Ich verstehe das nicht«, klagt er, dabei ist sein Blick dunkel vor Zorn.

Nachts, wenn ich wieder nicht schlafen kann, drückt er mich an seine Brust. Schlaflosigkeit plagt mich. Sobald ich die Augen

schließe, sehe ich die Unmenschen des IS vor mir. Ich verküm-
mere langsam.

Ein zweiter Anruf von Bouchra reißt mich aus meiner Lethar-
gie. Das Büro der Kommission beharrt darauf, mich unbedingt
schnellstens kennenzulernen.

Die Kommission ist in einem Gebäude gegenüber der Frauenklinik
in Dohuk untergebracht. Ein Labyrinth im Untergeschoss führt zu
einem kleinen Zimmer voller Menschen, die sich dort eingefunden
haben, um Tee zu trinken. Inspektor Khalil bittet die Gäste mit
einer Kopfbewegung, sich zurückzuziehen. Er legt Wert darauf,
mit mir unter vier Augen zu sprechen. Eine Standarte in den Farben der kurdischen Regierung und ein Porträt von Mustafa Barzani, dem Kurdenführer und Vater von Präsident Masud Barzani,
stehen in einem Regal hinter seinem Arbeitstisch. Er hat ein feines
Gesicht, ist rasiert, trägt jedoch einen Drei-Tage-Oberlippenbart.
Der etwa 30-jährige Inspektor hat bereits einige graue Haare. Er
schaltet den Fernseher aus, auf dem ein Nachrichtenprogramm
lief, und zündet sich eine Zigarette an, eine Winston light.

»Ich bin hier, um deine Aussage aufzunehmen. Alles, was du
mir sagst, wird vertraulich behandelt. Du bleibst anonym. Ich bin
verpflichtet, alles als absolut geheim zu behandeln: Ich werde niemandem etwas von deinen Angaben mitteilen. Nicht einmal deinen Eltern oder deinem Ehemann. Darauf hast du mein Wort.«

Inspektor Khalil erzählt erst einmal von sich. Er war Polizeibe-
amter und in dieser Funktion dem Büro gegen die Gewalt an
Frauen zugeordnet. »Ich habe mich mit den Angelegenheiten von
Frauen befasst, die von ihrem Mann geschlagen wurden, mit
Zwangsheiraten oder Mädchen, denen der Schulbesuch von den
Eltern untersagt wurde«, zählt er auf und knackt dabei mit den
Fingern.

Vielleicht hätte ich seine Bekanntschaft ja schon früher gemacht, wenn meine Heiratsprobleme nicht innerhalb der Familie geregelt worden wären. Durch die Offensive des IS ist er gezwungen worden, sich nach Dohuk zurückzuziehen.

»Ich bin Jeside wie du. Du kannst mir vertrauen, ich werde dich schützen. Ich bin hier nicht als Jeside aktiv, sondern weil ich ein Mensch bin, der überall auf der Welt ebenso handeln würde.«

Er kneift die Augen zusammen, streicht über den Edelstein seines Rings und reicht mir ein Stück Papier:

»Hier ist meine Handynummer. Du kannst mich zu jeder Tages- oder Nachtzeit anrufen. Ich werde eingreifen, wenn du bedroht wirst, wenn Menschen dich drangsalieren, weil du eine Gefangene des IS warst, oder wenn Journalisten dich belästigen. Zögere nicht. Wir sind da, um dich zu schützen: Du bist jetzt in Sicherheit.«

Der Inspektor stellt mir eine Reihe von Fragen. Schüchtern antworte ich mit gesenktem Kopf. Ich bin nicht besonders redselig, das ist wohl normal bei einer Ex-Gefangenen. Nein, ich kenne die Identität der Terroristen nicht, nur ihre Vornamen.

Ich berichte über die Transporte von einem Haftlager zum nächsten, vom Verkauf der Gefangenen, dem Eingeschlossensein, der Folter und der Gewalt. Er hält die Aussage in seinem Computer fest. »Deine Akte wird einem Richter übermittelt, der dich empfangen wird. Deine Zeugenaussage ist wichtig, um Beweise für ihre Verbrechen und ihren Völkermordversuch zu sammeln«, erklärt er mir und bedankt sich. »Ruf uns unbedingt an, wenn du Probleme hast, und vergiss nicht: Du bist ein Opfer.«

Die Kommission hat vorgesehen, mir psychologische und medizinische Hilfe zur Verfügung zu stellen. Ich beginne mit dem Krankenhaus, wo man uns nicht als »Ex-Gefangene«, sondern als »Vertriebene« bezeichnet, um eine Stigmatisierung zu vermeiden.

Ich lerne Frau Dr. Naram kennen, eine großartige Jesidin, die in Mossul Medizin studiert hat. Sie beruhigt mich: »Du hast eine wichtige Hürde genommen, indem du zu mir gekommen bist. Viele Mädchen verweigern eine Betreuung aus Angst, dass man mit dem Finger auf sie zeigt, wobei sie aber dringend Hilfe bräuchten. Sie haben durch Tod oder Verschleppung Angehörige verloren und sind trotz ihrer eigenen Befreiung Gefangene ihres Unglücks. Du bist anders! Ich kann dich nur ermutigen, diesen Weg weiterzugehen.«

Anschließend werde ich vollständig untersucht. Meine Niereninfektion vom August ist nicht ausgeheilt. Die Ärztin diagnostiziert Komplikationen, ausgelöst durch nicht zum Trinken geeignetes Wasser. Das Wasser mit der toten Maus, das ich zwangsweise während der Folter trinken musste, hat seine Spuren hinterlassen! Außerdem leide ich als Folge der Ernährung an einer Darmerkrankung.

Rund zwei Wochen lang bin ich regelmäßig bei Frau Dr. Naram. Mein Vater begleitet mich in ihre Praxis in Sheikhan, einem Ort, in dem Kirchenglocken, Minarette von Moscheen und die kannelierten Kuppeln unserer Tempel dicht beieinander stehen. Dr. Naram ist eine großzügige Frau. Als Walid sie um ein Uhr morgens während einer meiner Krisen anruft, fährt sie 40 Kilometer, um sich um mich zu kümmern und mich vorsichtshalber ins Krankenhaus in Dohuk zu bringen.

Taktvoll bezahlt sie die Medikamente, die sie mir verordnet. Der Ärztin sind unsere finanziellen Schwierigkeiten bewusst. Der IS hat unsere Ersparnisse gestohlen und besetzt unsere Dörfer, die Männer haben ihre Arbeit verloren. Der Sozialdienst der Kommission hat mir eine Unterstützung von 100 000 Dinar bewilligt, das sind 75 Euro, aber sie reichen nicht, um die Behandlungen zu bezahlen.

Über Bekannte habe ich mit einer Psychotherapeutin Kontakt aufgenommen, mit Frau Dr. Sana, einer Kurdin. Ich verbringe einen ganzen Nachmittag in ihrer Praxis.

»Erzähl alles, was du erlebt hast. Du musst es aussprechen, um dich von deinen Ängsten zu befreien«, empfiehlt sie mir.

Ich beginne meinen Bericht. Sie ermuntert mich zum Sprechen und sagt, ich solle auch ruhig weinen, wenn ich möchte. Walid habe ich bereits alles anvertraut, aber es tut gut, sich einer Unbekannten zu offenbaren. Ich berichte ihr von meinen Gedanken. Ich kann einfach nicht verstehen, warum mich eine solche Katastrophe getroffen hat. Ich fühle mich bestraft, ohne den Grund für diese Strafe zu kennen. Bin ich für mein Unglück verantwortlich? Ich kann mich nicht erinnern, einem anderen Menschen Schaden zugefügt zu haben. Warum also bin ich Sklavin dieser Leute geworden?

Die Psychotherapeutin beruhigt mich. Mein Schuldgefühl ist ihren Worten nach eine »normale« Reaktion. Sie gibt mir einen neuen Termin in einem Hotel mit einem ihrer Kollegen und Walid zu Parallelgesprächen. Der zweite Psychotherapeut legt meinem Mann nahe, achtsam und aufmerksam zu sein, aber nicht ständig die Vergangenheit wieder aufzuwühlen. Er rät uns vom Fernsehen ab. »Meiden Sie alle Nachrichten über den IS oder das Drama der Jesiden oder allgemein Gewaltszenen. Horrorfilme sind selbstverständlich gestrichen. Sie müssen ihr helfen, dass das, was in den elf Wochen Gefangenschaft geschehen ist, langsam verblassen kann.«

Walid versteht die Botschaft. Nachdem wir zu viert etwas gegessen haben, gehen die Einzelgespräche in getrennten Zimmern weiter. Die Psychotherapeutin will von mir wissen, »was dir am meisten zu schaffen macht«. Ich nenne meine Albträume.

»Ich schlafe kaum noch, weil die Leute vom Daesh meine Träume heimsuchen.«

»Vertreibe sie, dann wird es dir besser gehen. Es ist dir gelungen, sie in der Realität loszuwerden, warum sollte es dir nicht gelingen, sie auch aus deinem Kopf zu vertreiben?«

»Das würde ich gern, aber wie?«

»Wenn du Albträume nicht verhindern kannst, kannst du sie doch verändern. Du kannst das Ende deiner schlechten Träume abändern, wie du dein Schicksal durch deine Flucht verändert hast ...«

»In meinem Traum laufe ich mit fünf Mädchen im Wadi, aber Abu Anas und Abu Omar holen uns ein. Sie schwingen Säbel. Dann wache ich voller Angst auf, schweißgebadet, eine Klinge im Bauch.«

»In deinem nächsten Albtraum werden Jesidenkämpfer auftauchen und euch retten. Dir passiert nichts. Möchtest du?«

»Ja, aber das ist leichter gesagt als getan. Ich werde es versuchen.«

An diesem Tag gibt Frau Dr. Sana uns 50 000 Dinar, damit wir mit dem Taxi ins Dorf zurückfahren können. Bereits in der folgenden Nacht versuche ich, die Empfehlungen der Psychotherapeutin umzusetzen. Es klappt nicht sofort, aber nach und nach lerne ich, den Verlauf meiner Träume zu beeinflussen. Ich bin auf dem Weg zu meiner »Wiedergeburt«, wie Dr. Sana es nennt. Die Jinan der Vergangenheit muss zurücktreten und einer neuen Jinan Platz machen. Aber wie beschwerlich ist dieser Tausch!

Die Tragödie der entführten Frauen hat unsere Gemeinschaft auf den Kopf gestellt. Sie wurde von den Massakern voll getroffen, ist zum Glück jedoch nicht in die Falle getappt, die Opfer abzulehnen. Der Aufruf zur Barmherzigkeit von Baba Sheikh, dem geistigen Oberhaupt der Jesiden, war eine große Hilfe. »Ihr seid alle unsere Kinder, ihr seid alle Opfer geworden«, hat er immer wieder eindringlich wiederholt. Seine Vorgänger waren gegenüber Verfolgten erbarmungslos gewesen. Keiner von ihnen hatte Überlebende von Massakern durch die Osmanen – vergewaltigte Frauen oder Mitglieder der Gemeinschaft, die gezwungen worden waren, ihrem Glauben abzuschwören – als Opfer betrachtet. Sie wurden im Namen der Ehre und unserer Religion aus der Gesellschaft ausgeschlossen.

Unser Leid wird anerkannt. Baba Sheikh regt an, ich solle nach Lalisch gehen, zu der heiligen Stätte der Jesiden. Der Vorschlag wird mir von Baba Jawesh übermittelt, dem Tempelwächter, der mich persönlich anruft. Dieser bedeutende, sehr geachtete Priester ist am Telefon äußerst freundlich. Das Gespräch erleichtert mich. Die Religion hat mein Leben immer begleitet. Häufig markieren kleine Bittgesuche meinen Tag. Vor jeder Autofahrt beschwöre ich das Schicksal. Ich bitte die Engel um Hilfe für einen Kranken. Wenn er gesund wird, danken wir Gott, indem wir einer armen Familie ein Schaf schenken.

Im Haus meiner Eltern wie auch in dem von Walids Eltern ist ein Zimmer der inneren Sammlung geweiht. Bei uns steht der Altar unauffällig in einer dunklen Ecke vor einem Wandteppich. Der Holzschrein ist mit einem roten Stoff bedeckt, den man berührt, bevor man den Raum verlässt. Bei Plünderungen waren die Dschihadisten davon besessen, diese Gebetsräume zu verwüsten.

Eine brennende Fackel markiert den Eingang zu dem üppigen Tal, das nach Lalisch führt, unserem Jerusalem. Familien jesidischer Vertriebener haben ihre Zelte am Straßenrand aufgestellt, bewacht von gewissenhaften Peschmerga. Das Heiligtum schmiegt sich ans Ende eines schmalen, mit Feigen-, Granatapfel- und Maulbeerbäumen bepflanzten Weges. Die beschneiten Gipfel der Autonomen Region Kurdistan zeichnen sich wie weiße Kuppeln ab. Auf dem Parkplatz ziehen wir unsere Schuhe aus, um direkten

Kontakt zur Erde unserer heiligen Stätte zu haben. »Ihr befindet euch hier im Zentrum der Spiritualität, aber auch des Trostes. Lalisch war ein Zufluchtsort vor Invasionen und Verfolgungen. Während des Osmanischen Reiches wurde der Tempel mehrfach zerstört. Wir haben ihn immer wieder aufgebaut«, erklärt Baba Jawesh, als er uns empfängt.

Der höchste Würdenträger unseres heiligen Dorfes gleicht einer Figur aus der Welt der Legenden. Dieser riesige Mann mit weißem Bart ist der Wächter des Eingangs zum Tempel. Niemand darf auf die Schwelle treten, sie ist heilig und unberührbar, der Besucher muss sie in einem großen Schritt überwinden. Baba Jawesh lächelt diejenigen jedoch nur milde an, die diesen Brauch aus Gedankenlosigkeit nicht beachten. »Es ist nicht schlimm«, sagt er zu einem Pilger, der mit einem Fuß auf der Schwelle überrascht wird.

Voller Neugier entdecke ich den Tempel, den ein Jeside mindestens einmal im Leben besucht haben sollte. Zwei in den Stein gehauene Pfauen wachen über dem Portal. Rechts erhebt sich die zwei Meter lange Skulptur einer schwarzen Schlange. »Ihr wisst ja, dass eine Schlange das Leck verstopfte, als Noah mit seiner Arche gegen einen Fels geprallt war, und dass sie damit die Insassen rettete. Sie ist auch das Symbol für Erkenntnis und Weisheit«, erklärt uns unser Führer. »Über Melek Taus, den Engel Pfau, muss ich euch nichts erzählen: Er ist in Lalisch gelandet und hat die Erde mit seinen Farben bedeckt, um sie zum schönsten Planeten des Universums zu machen. Wir sehen ihn nicht, aber Engel Pfau kommt jedes Jahr zusammen mit den sechs anderen großen Engeln zurück, um die heiligen Herbstfeste zu feiern«, fährt er fort.

Nachdem wir die Schwelle richtig überschritten haben, betrachte ich ein Becken mit dunklem Wasser, den See des Engels des Todes, in dem die Seelen der Verstorbenen von einem aus Weisen bestehenden Gericht beurteilt werden. Ein Gang führt ins Zentrum des Heiligtums, wo in Gräbern, die mit Seidentüchern in Regenbogenfarben verhüllt sind, die irdischen Inkarnationen der sieben Engel ruhen. In den Gewölben herrscht eine milde Kühle. Bunte Vögel singen unter den Arkaden, während Besucher Stoffe verknoten, um damit ihre Wünsche zu manifestieren. Mein Wunsch ist sehr persönlich. Er betrifft meine »Wiedergeburt«. Ich behalte ihn für mich, solange er noch nicht erfüllt ist.

Wir erreichen die heilige Kammer mit dem Grab von Sheikh Adi, einem Sarkophag, auf dem eine Fransendecke liegt. »Sheikh Adi hat sich vor bald 1000 Jahren mit seinen Jüngern in diesem Tal niedergelassen, um hier unseren Orden zu gründen und Wunder zu wirken. Unser großer Reformator ist eine Inkarnation des Engels Pfau«, erklärt unser Begleiter in feierlichem Ton. »Umrundet die Grabstätte hinter mir drei Mal.« Nachdem wir die Runden gegangen sind, knote ich einen Schal. Walid steckt einen Geldschein in eine Urne. Mein Wunsch umfasst die Befreiung aller Frauen, die in Gefangenschaft des IS sind. Es ist mein sehnlichster Wunsch.

Ein Raum am Ende des Tempels birgt Ölkrüge. Eine Lampe, deren Flamme nie erlischt, gibt einen leichten Rauch ab. Von dort führt eine Treppe zu einer Schale, die von einer Quelle aus dem Felsen gespeist wird. Dort benetzen sich die Pilger mit dem geweihten Wasser. »Dieser Bach, an dem die Taufen vorgenommen werden, heißt Zamzam, genau wie die Wunderquelle in Mekka«, erläutert der Führer.

Wieder an der frischen Luft, mischen wir uns unter die Pilger. Walid zeigt mir *Mala fakira*, das Haus der Fakire, Asketen, die von Almosen leben. Diese Armen unter den Armen werden gelegentlich von bösen Geistern verspottet. Vor Sonnenuntergang stellen sie vor die Häuser Olivenöllampen. Diese heiligen Flammen, Symbole für das Sonnengestirn, brennen bis Tagesanbruch.

Im Schatten der Eichen werden an diesem schönen Tag Anfang des Winters improvisierte Picknicks veranstaltet. Auf Gestellen sind Platten mit Schaffleisch, Reis, Tomaten, Gurken und Käse angerichtet, und man isst im Stehen. Angehörige des Klerus, mit Turban auf dem Kopf, in Tuniken und weiße, an den Knöcheln enge Hosen gekleidet, spazieren durch die Alleen. Junge Mädchen mit Blümchenkleidern schwatzen mit flatterndem Haar in den Gärten. Jungen mit pomadisiertem Haar lassen ihre Muskeln spielen. Es herrscht eine fröhliche Atmosphäre. In Lalisch, dem genauen Gegenteil zur finsteren Welt der Anhänger des IS, genießen wir eine zauberhafte Verschnaufpause.

Ein paar Monate später habe ich mit Baba Sheikh eine persönlichs Unterredung. Das Treffen wird von Thierry arrangiert, dem Journalisten, der in einer französischen Zeitung eine Reportage über mich geschrieben hat. Wir fürchten uns etwas davor, einem so hochverehrten Mann zu begegnen. Ich bin ziemlich kleinlaut. Walid bemerkt im Auto entsetzt, dass er achtlos seine Bluejeans angezogen hat, eine Farbe, die von den Geistlichen verabscheut wird. Der Ursprung für dieses Tabu ist mir nicht bekannt. Angeblich ist das Blau verflucht, weil es das Licht der Schattenwelt darstellen soll.

Wir sprechen bei Baba Sheikhs Wohnhaus in Sheikhan vor, einem normalen Stadthaus. Die Pfauen, die die Türflügel der Garage schmücken, sind die einzigen religiösen Symbole, die man von der Straße aus sieht. Wir warten im Empfangsbereich. Niemand hat etwas über Walids Hose gesagt. Schließlich betreten wir einen langen Salon. Ein endlos langer Diwan nimmt den Raum ein. Die Luft wird von altertümlichen Ventilatoren bewegt. Die Gemälde und Schwarz-Weiß-Fotos an den Wänden erzählen über mehrere Generationen die Sage des Clans von Baba Sheikh. Gut sichtbar in der Porträtgalerie fällt ein Foto aus dem Rahmen: Es zeigt die Opfer des Chemiewaffen-Massakers, das 1988 im Dorf Halabdscha von Saddam an den Kurden verübt wurde.

Das über achtzigjährige geistliche Oberhaupt der Jesiden ist ein eindrucksvoller alter Mann mit üppigem weißem Bart. Er trägt eine lange weiße, fein gestreifte Tunika , auf dem Kopf eine Kappe, einen schwarzen Stoffgürtel um den Bauch und an den Füßen Pantoffel mit weißen Schnallen. Seine dichten Augenbrauen haben die Ausmaße eines Schnurrbarts. Seine Finger bewegen eine Gebetskette.

Ich küsse ihm ehrerbietig die rechte Hand. Er fragt mich nach meinem Namen und dem Namen meines Dorfes.

»Du wurdest befreit, meine Tochter?«

»Nein, ich bin geflohen.«

»Ich bin glücklich über deine Rückkehr zu den Deinen. Du bist ein Opfer geworden wie alle verschwundenen jesidischen Frauen. Ihr seid alle willkommen. Ich werde für dich beten, Jinan.«

Wie üblich hört Thierry nicht auf, Fragen zu stellen. Häufig immer wieder dieselben, die er nur anders formuliert, bis er eine Antwort darauf erhält. Ich aber bleibe schweigsam. Baba Sheikh würde unter Bildern aus der Zeit der Sultane nicht auffallen. Er scheint aus einer vergangenen Zeit zu stammen. Er spricht vom Martyrium der von den Osmanen niedergebrannten Dörfer, als lägen diese Ereignisse nicht länger zurück als der letzte Angriff des IS. Für mich ist er zugleich ein Mann der Vergangenheit und der Gegenwart. Ich sehe ihn als Medium. Hadi Baba Sheikh, ein Mitglied des obersten Rates, sitzt neben ihm und hält eine Foto-kopie des berühmten Schreibens in der Hand, das unser Leben verändert hat.

»Ich habe einen offenen Brief an alle Jesiden geschrieben, damit unsere Gemeinschaft jedes einzelne Mädchen respektiert, egal welche Prüfungen ihr durchgemacht habt«, sagt Baba Sheikh. »Wir wollen sie alle wiederfinden, egal ob lebendig oder tot. Wir haben die Pflicht, unseren Verschollenen ein Grabmal auf unseren Friedhöfen zu errichten.«

Seine Güte rührt mich. Als einzige Frau in einem Kreis von rund 20 Männern sauge ich seine Worte auf, während ich einen gezuckerten Tee genieße.

»Unsere Religion reicht mehrere Jahrhunderte vor die Geburt von Jesus Christus zurück. Die Kurden waren Zoroastrier oder Jesiden, bevor sie, häufig gewaltsam, zum Islam konvertieren mussten. Wir haben 72 Völkermorde erlebt, darunter viele unter den Türken« erklärt er dem Journalisten.

Seiner Ansicht nach sind nicht alle Muslime auf der Welt unsere Feinde.

»Ich habe bei Präsident Obama im Weißen Haus, im amerikanischen Parlament und beim französischen Außenminister Laurent Fabius darum gebeten, dass sie unsere Rechte verteidigen. Wir erbitten internationalen Schutz. Wenn wir nicht von Ausländern geschützt werden, werden wir Orientalen unter Orientalen aufhören zu existieren. Wir sind gegen niemanden, wir suchen Frieden. Wir möchten nur in Ruhe leben können.«

Er nimmt seine Brille mit Goldrand ab und fährt fort:

»Der an uns vom IS verübte Völkermordversuch ist für die Vereinten Nationen, das heißt für die internationale Gemeinschaft, eine Realität, nicht jedoch für unser eigenes Land, den Irak. Dieser neue Irak nach Saddam hat noch immer nicht den Völkermord von Halabdscha anerkannt, den der frühere Tyrann an den Kurden verübt hat. Wenn solche Versäumnisse nicht korrigiert werden, gibt es für die Jesiden keine Zukunft in der Region.«

Auch wenn diese politischen Reden mir zu schwierig sind, behalte ich diese Audienz in unvergesslicher Erinnerung. Kaum haben wir die Residenz des heiligen Mannes verlassen, da stürze ich mich strahlend auf mein Handy, um von der Begegnung zu berichten.

»Es ist das erste Mal in der Geschichte der Jesiden, dass die Opfer nicht ausgeschlossen werden«, meint Walid begeistert und erleichtert darüber, dass er mit seiner blauen Hose kein göttliches Donnerwetter auf sich gezogen hat. Wir essen auf dem Rückweg am Rand der Autobahn in einem schicken Restaurant, dessen Speisesaal die Größe eines Fußballfeldes hat und in dem eine ganze Armee von Kellnern in Uniform unterwegs ist. Nach einem Bummel durch die Geschäfte im Zentrum von Dohuk kehre ich in unser Flüchtlingslager zurück.

Die Realität ist schwer. Wir mussten das Haus von Walids Tante verlassen, da es für einen längeren Aufenthalt einfach zu klein ist. Wir wohnen nun in einem der 3000 Zelte nach UN-Norm, die am Fuß karger Hügel auf einem steinigen Gelände aufgestellt wurden. Als Nachbarn haben wir Walids Familie. Ich beklage mich nicht. Erstens ist das nicht meine Art, und außerdem genießen wir in unserem Elend eine kleine Vorzugsbehandlung. Das Zelt ist ausreichend groß, um Gäste zu empfangen und Gastfreundschaft zu praktizieren. Wir verfügen über eine Heizung und draußen sogar über eine Dusche sowie eine Kochecke. Der eisige Wind zwingt mich, mich warm einzupacken. Sobald es regnet, verwandelt sich das Gelände in einen Morast. Ich bin häufig krank und muss das Bett hüten. Mein Gesundheitszustand zeigt keine Besserung.

Bei einem Treffen, das von einer karitativen ägyptischen Einrichtung zur Unterstützung von Frauen organisiert wurde, die ehemalige Gefangene des IS sind, habe ich Bouchra wiedergesehen. Sie lebt mit ihren Eltern in einem Lager in der Region. Unzählige internationale Organisationen haben mit mir Kontakt aufgenommen, aber es sind keine Hilfsmittel angekommen. Leute von hier und aus aller Welt stellen uns Fragen, dann verschwinden sie wieder. Journalisten, die in den ersten Wochen noch zahlreich kamen, werden des Themas allmählich müde. Allerdings nicht alle. Saïd, der Mitarbeiter von Thierry, ist jeden Tag da, egal bei welchem Wetter. Anfangs habe ich auf seine Fragen nur mit Ja, Nein oder Schweigen geantwortet. Allmählich fasse ich Vertrauen zu ihm. Saïd ist ein Kurde aus Damaskus, der vor dem Regime von Baschar al-Assad geflohen ist. Wir sprechen Kurmandschi, einen kurdischen Dialekt, aber er beherrscht auch Arabisch, Englisch, Französisch und Sorani, das im Iran gesprochene Zentralkurdisch. Er bringt mir kleine Geschenke mit. Manchmal glaube ich fast, dass er in meinen Gedanken lesen kann, was ich brauche.

Wir sind rund 40 Kilometer von der Front entfernt, weit genug, um in Sicherheit zu sein, aber nah genug, um nicht vergessen zu können.

Die beschäftigungslosen Männer spielen Tavli (eine Art Backgammon), die Jungen Billard und Kicker. Das Lager verfügt über Betreuungsmöglichkeiten für die Kleinen und Geschäfte mit Wellblechdächern. Ich bemühe mich, unseren Unterschlupf sauber zu halten. Die Zubereitung der Mahlzeiten vertreibt mir die Langeweile. Heute Vormittag knete ich Frikadellen aus Mehl und Saubohnen in einer großen Zinkwanne. Es fehlt uns an Geld. Wir können uns keinen Fernseher leisten, verfügen aber über einen Computer, auf dem wir Filme und Videos anschauen können. Im Lager regiert die Traurigkeit. Die Unsicherheit über die Zukunft hält die Bewohner in einem Zustand chronischer Angst. Sie haben Angst, nicht genügend Wasser, Lebensmittel oder Strom zu haben.

Dennoch heiraten Paare, Kinder werden geboren, alte Menschen sterben. Das ähnelt dem Leben, aber es ist nicht das Leben. Ich liebe unsere Dörfer und meine Region, aber ich fürchte, dass ich niemehr dorthin kommen werde. Die Bedrohung durch den IS ist so nah. Ich habe Angst, sie könnten wiederkommen und ihr unheilvolles Wüten fortsetzen. Wer wird uns morgen schützen? Wir haben keinerlei Sicherheit vonseiten Bagdads oder der internationalen Gemeinschaft. Die Kurden und die Jesiden brauchen Unterstützung.

Jeden Tag nagen Fragen an mir. Was wird aus den befreiten Mädchen, die nach einer Vergewaltigung schwanger geworden sind? Werden sie es wagen, ihren Zustand einzugestehen? Wie viele sind es, die isoliert und in ihren Qualen gefangen sind? Wir haben mit Walid darüber diskutiert. Wir haben überlegt, ohne Beweise dafür zu haben, dass sie wohl heimlich abgetrieben haben.

Die Routine in den Lagern wird durch die Besuche verschiedener Persönlichkeiten unterbrochen: Politiker, Diplomaten, Künstler. Sie unternehmen einen kleinen Rundgang, dann gehen sie wieder. Würde ein Wettbewerb um die Beliebtheit veranstaltet, würde ihn die Abgeordnete Vian Dakhil haushoch gewinnen. Sie würde sogar die amerikanische Schauspielerin Angelina Jolie überflügeln, die sich sehr für unser Schicksal interessiert. Vian Dakhil ist unser guter Geist. Ich habe auf unserem Laptop die Rede gehört, die sie im August im irakischen Parlament gehalten hat, während wir im Gefängnis von Badusch eingesperrt waren. Ihre Äußerungen haben unserem Anliegen ebenso genützt wie die Intervention von Baba Sheikh. Sie hat im Parlament einen Schrei der Verzweiflung losgelassen, der in den Nachrichtensendungen in aller Welt immer wieder gezeigt wurde. Die Emotionen lassen mich jedes Mal wieder zittern, wenn ich diese Bilder sehe.

Mit brüchiger Stimme hat sie sich des Mikrofons bemächtigt, um sie herum stand eine Handvoll Parlamentarierinnen. Ihre Worte sind in mein Gedächtnis eingegraben:

»Im Namen Gottes, des Mitfühlenden, stehe ich hier vor Ihnen, um dem irakischen Volk die bittere Realität über den Exodus der Jesiden im Sindschar-Gebirge zu berichten. Unter dem Banner mit dem Spruch ›la ilaha ill allah‹ (es gibt keinen Gott außer Allah) wurden bisher bereits 500 Menschen abgeschlachtet.«

Der Parlamentspräsident wirkt wie versteinert:

»Frau Abgeordnete, bitte halten Sie sich an das Verlesen der vorgesehenen Verlautbarung.«

»Herr Präsident, unsere Frauen werden gefangen genommen und auf Sklavenmärkten verkauft. Ich flehe Sie an, meine Brüder. Gegen die Jesiden läuft ein Völkermord.«

»Frau Abgeordnete ...«

»Ich flehe Sie an, mein Volk ist dabei, niedergemetzelt zu werden, wie viele andere Iraker niedergemetzelt wurden: Schiiten, Sunniten, Turkmenen, Christen, Schabaken. Brüder, über alle politischen Zerwürfnisse hinweg sollten wir menschliche Solidarität walten lassen. Ich flehe Sie an, lassen Sie alle Meinungsverschiedenheiten beiseite, um die Jesiden zu retten! Ich spreche im Namen unserer menschlichen Gemeinschaft. Retten Sie uns! Retten Sie uns!«

Die wenigen weiblichen Abgeordneten bilden einen Block um sie, die Männer sind aufgestanden.

»Seit 48 Stunden sind 30 000 Familien im Sindschar-Gebirge eingeschlossen. Ohne Nahrung, ohne Wasser. Sie sind dabei, zu sterben. 70 Kinder sind bereits verdurstet oder erstickt. 50 alte Menschen sind unter diesen Umständen, die sich weiter verschlechtern, ums Leben gekommen. Unsere Frauen werden gefangen genommen und auf Sklavenmärkten verkauft. Wir rufen das

Parlament auf, sofort einzuschreiten. Die Jesiden haben bereits 72 Völkermorde hinter sich, und im 21. Jahrhundert geht es weiter. Der ›Islamische Staat‹ schlachtet uns ab. Wir werden vernichtet. Eine ganze Religion droht vom Erdboden ausradiert zu werden. Brüder, ich appelliere an euch im Namen der Menschlichkeit. Rettet uns!«

Vian Dakhil ist zusammengebrochen, wird von ihren Kolleginnen gestützt. Nach der Bombardierung des Gefängnisses von Badusch hat sie weiter für uns gekämpft. Am 12. August wurde sie bei einem Hubschrauberabsturz schwer verletzt, als sie den vom IS an den Hängen des Sindschar-Gebirges umzingelten Flüchtlingen Hilfsgüter brachte. Ihre Maschine, eine Mi-17 der Peschmerga, ähnlich dem Hubschrauber, mit dem ich geflogen bin, pendelte zwischen Pesh Khabur und dem Berggipfel. Der Helikopter stürzte beim Start ab, da er mit Flüchtlingen überfüllt war. Der Pilot war auf der Stelle tot. Vian Dakhil brach sich das Bein und erlitt Rippenbrüche. Sie hat nie aufgehört, an unserer Seite zu sein. Ihr Haus in Erbil steht den Überlebenden offen, den jungen Mädchen, die nach Vergewaltigungen schwanger wurden und abtreiben konnten.

Auch der Sänger Dakhil Osman wurde in unserem Lager wie ein Held empfangen. Sein Besuch war emotional so intensiv, dass er ohnmächtig wurde und mit einem Krankenwagen weggebracht werden musste. Dakhil Osman hat versprochen, sich erst wieder zu rasieren, wenn die vom IS gefangen gehaltenen Frauen wieder frei sind. Er hat auch aufgehört, in der Öffentlichkeit aufzutreten. Er kann sich nicht vorstellen, bei einer Hochzeit zu singen, er, der bei den Hochzeiten mehrerer Generationen junger Jesidinnen aufgetreten ist, die heute von den Dschihadisten unterjocht werden. Ich habe ihn in einer Fernsehsendung singen hören: »Ich werde meine Religion nicht wechseln, ich bleibe Jeside, das schwöre ich.« Daraufhin bekam er Morddrohungen.

Ich bin noch immer erstaunt über die Kraftreserven, die ich tief in mir gefunden habe, um mit all dem fertigzuwerden. Dass uns die Flucht gelungen ist, verdanken wir einer unerschütterlichen Solidarität und viel Opferbereitschaft. Menschen wie Vian Dakhil oder Dakhil Osman geben uns die Kraft zu kämpfen.

Es geht mir jetzt besser. Ich werde mich der Zukunft zuwenden. Ich werde neu geboren. Aber ich will, dass die Welt die Wahrheit über das Drama der jesidischen Frauen erfährt. Ich bin keine Politikerin, nur ein Mädchen vom Land. Ich bin eine ganz gewöhnliche junge Frau, deren Menschsein von Männern geleugnet wird, die sich für Gott halten. Die Vergewaltiger des IS behaupten, dem Beispiel ihres Propheten zu folgen. Angeblich rechtfertigen die heiligen Schriften ihr Verhalten. Die Verse des Korans sollen ihnen als Vorbild dienen. Sie sagen: »Der Prophet Mohammed verhielt sich lange vor uns ebenso.« Abu Moussa hatte bereits eine Frau, warum also musste er eine zweite nehmen und sexuelle Beziehungen ohne Liebe mit einer zweiten Ehefrau haben? Diese Leute tragen den Hass in sich. Wir sind es uns schuldig, ihnen gegenüber nicht passiv zu sein.

Wenn ich meine Geschichte für mich behalte, wer wird sie dann erzählen? Wenn ich die Wahrheit verschleiere, werde ich zur Komplizin der Verbrechen des IS.

Walid sagt, dass mich meine Aussagen ehren und nicht entehren.

Dieses Buch ist meine Art zu kämpfen. Es hat mich stärker gemacht.

Nachwort:
KEINE SYMPATHIE FÜR DEN TEUFEL

von Thierry Oberlé

»Wenn du mich triffst, zeige ein wenig Liebenswürdigkeit
Zeige etwas Verständnis und guten Geschmack
Nutze all deine gründlich erlernte Höflichkeit
Oder ich werde deine Seele zerstören
Freut mich, dich kennenzulernen,
Hoffentlich errätst du meinen Namen.«

THE ROLLING STONES,
»SYMPATHY FOR THE DEVIL«

Ich begegnete Jinan an einem Novembernachmittag 2014 in einem jesidischen Dorf in der Autonomen Region Kurdistan, das durch den Zustrom von Flüchtlingen deutlich größer geworden war. Sie saß aufrecht im Schneidersitz und erzählte ohne Umschweife mit trauriger, schwacher Stimme von ihrer Zeit als »Kriegsbeute«. Die Gesichtszüge der jungen Frau waren angespannt. Mit den Worten eines Mädchens vom Land sprach sie über ihre Not. Ihr erloschener Blick erregte meine Aufmerksamkeit. Häufig senkte sie ihre braunen Augen, aber in ihren Pupillen brannte ein undefinierbares Licht. Ihr Gesicht schien von einem inneren Leid gezeichnet. Diese rund zwölf Wochen Gefangenschaft haben sie sicherlich altern lassen. Sie wirkte wie etwa 35. Tatsächlich war sie aber erst 18. Jinan klagte, sie könne die Augen nicht schließen, »ohne die Unmenschen vor mir zu sehen«. Während des Gesprächs waren Walid und ihre Schwiegermutter bei ihr. Das Wohlwollen ihres Mannes hat mich erstaunt. Jinan stellte genau das dar, was sie war: eine Überlebende von Kriegsverbrechen.

Als ich wieder ging, fragte ich mich, woher sie die Kraft genommen hatte, das auszuhalten, aus welchen Reserven sie hatte schöpfen können, um ihren Peinigern zu entfliehen.

Als ich im September die Frontlinie auf einer Länge von über 1000 Kilometern abfuhr und die dort aufmarschierten kurdischen Streitkräfte im Kampf gegen den »Islamischen Staat« sah, habe ich das Ausmaß der Schäden ermessen können, die bei der Sommeroffensive des IS gegen die Minderheiten entstanden waren. Ich habe das Land der Palmenhaine an der Grenze zum Iran bis zu den Ölfeldern der syrischen Region Kurdistans durchquert. Im Hinterland, zwischen Erbil und der türkischen Grenze, waren die öffentlichen Parks, die Gärten der Kirchen und die noch im Bau befindlichen städtischen Gebäude mit Vertriebenen überfüllt. Hunderttausende Christen und Jesiden fristeten ein kümmerliches Leben in den Lagern der kurdischen Regionen des Iraks, Syriens und der Türkei. Sie sind noch immer dort.

Der IS hat im Nordwesten des Iraks eine breit angelegte ethnisch-religiöse Säuberungsaktion durchgeführt. Die im Juni und im August 2014 eroberten Zonen wurden von nicht arabischen und nicht sunnitischen Bewohnern geräumt mit dem Ziel, die Grenzen vom Beginn des 20. Jahrhunderts wiederherzustellen. Die Dschihadisten haben den Ehrgeiz, auf dem Fruchtbaren Halbmond im Mittleren Osten einen religiös reinen, transnationalen Staat zu errichten, ein mesopotamisches Kalifat, das von Bagdad bis Damaskus reichen soll. Hierzu setzt der IS seine bevorzugten Waffen ein: Terror und äußerste Gewalt.

Ein besonders grausames Schicksal haben die islamistischen Kämpfer den jesidischen Frauen zugedacht. Tausende von ihnen wurden vergewaltigt, verkauft, zu Sklavinnen gemacht. Im September hatte ich mit Christophe Boltanski, einem französischen Kollegen des *Nouvel Observateur*, in Derik in Syrien und anschließend in Dohuk in Kurdistan Angehörige von gefangenen Frauen getroffen, die heimliche Anrufe von diesen Frauen erhalten hatten. Aber erst in Paris, in der Sendung *France Info*, habe ich die ersten Bruchstücke aus Berichten von Frauen gehört, die den Gefängnissen des IS entkommen waren.

Zwei Monate später kam ich zurück, um Nachforschungen anzustellen. In Erbil, der Hauptstadt der Autonomen Region Kurdistan im Irak, traf ich Ido Baba Sheikh, den Bruder des geistlichen Oberhauptes der Jesiden. Dieser Ex-Berater des früheren irakischen Präsidenten Dschalal Talabani und seine Frau engagieren sich für Frauen, die der IS-Gefangenschaft entfliehen konnten.

Noori Abdulrahman, ein Regierungsbeauftragter, hat mir die Telefonnummern von jungen Mädchen gegeben, die bereit sein würden, anonym auszusagen. Bevor ich mich auf ihre Spur begab, sind wir auf der Suche nach Vertriebenen mit dem Auto durch die Vororte von Ankawa, der christlichen Großstadt Kurdistans, gefahren. Begleitet wurden wir von dem Fahrer Saber, dem Dolmetscher Saïd und dem Fotografen Émilien. Am Ende eines Feldwegs trafen wir zufällig auf einen jesidischen Jugendlichen. Wir haben ihm einige Fragen gestellt. Der Junge, dessen Vater ums Leben gekommen war, hatte seine Mutter und seine jüngeren Geschwister in einer Bruchbude untergebracht, nachdem sie aus dem Sindschar-Gebirge geflohen waren. Er stellte durch Vermittlung einer Bekannten den Kontakt zu Jinan her.

Ich begann die Gesprächsreihe mit Jinan, dann traf ich weitere Opfer in Schuppen, Zelten, Flüchtlingslagern oder in den Zimmern von Privathäusern, die in Unterkünfte für zahlreiche Familien umfunktioniert worden waren. So lernte ich das Völkchen der Geflüchteten kennen.

Als der Plan zu einem Buch entstand, wandte ich mich sofort an Jinan. Sie hatte mir ihre Geschichte schüchtern, mit aufrichtiger Scham erzählt. Es ist alles andere als einfach, Unbekannten zu offenbaren, wie man zur Kriegsbeute einer Schar religiöser Fanatiker und sexuell Frustrierter wird. Saïd hat sie lange befragt und ihr zugehört.

Bei meiner Rückkehr nach Kurdistan im Frühjahr 2015 erholte sie sich langsam von ihren Erlebnissen und sprach von einer Wiedergeburt. Ihre Gesundheit war noch immer labil, aber in ihren Augen funkelte inzwischen wieder der Schalk.

Jinan ist gerettet, aber noch immer sind Tausende Jesidinnen im Irak, in Syrien und sogar in Saudi-Arabien gefangen, wohin einige verkauft wurden. Die Massenverhaftung Tausender Frauen und das Massaker an Männern, wie das am Dorfrand von Kocho, können nicht einfach wie ein paar weitere blutige Episoden der interkonfessionellen Auseinandersetzungen betrachtet werden, die den Mittleren Osten erschüttern. Zwar ist der Irak seit Jahrzehnten blutige Erde, aber was sich im Bereich des Sindschar-Gebirges ereignet, ist eine einzigartige und besondere Tragödie.

Im März 2015 hat die UNO festgestellt, dass die Kämpfer des IS im Irak einen Völkermord an der irakischen Minderheit der

Jesiden sowie Verbrechen gegen die Menschlichkeit und Kriegsverbrechen begehen.

Die theoretischen Grundlagen dafür stammen von den Fanatikern der Organisation des selbst ernannten Kalifen Abu Bakr al-Baghdadi, der auch die Verantwortung dafür übernimmt. Für diese Männer ist die sexuelle Sklaverei eine von mehreren Waffen des politischen Terrors. Der IS hat es sich zur Aufgabe gemacht, die »Ungläubigen« und »Abtrünnigen« auszurotten. Die Organisation lässt ihren Worten Taten folgen und bekennt sich zu dem, was sie tut. Ihr fundamentalistisches Credo ist von absoluter Radikalität.

Diese Praxis wird in Heft 4 der englischen Ausgabe von *Dabiq* für rechtmäßig erklärt. *Dabiq* ist die offizielle Propagandazeitschrift des IS in eleganter Aufmachung, die für ein westliches Publikum gedacht ist. Der im Oktober 2014 online gestellte Artikel trägt den Titel »Die Rückkehr der Sklaverei, bevor es zu spät ist«. Hier einige Auszüge daraus:

»Bei der Eroberung der Region des Sindschar-Gebirges in der Provinz Ninive sah sich der ›Islamische Staat‹ einer Jesidenbevölkerung gegenüber, einer heidnischen Minderheit, die seit Jahrhunderten in verschiedenen Regionen des Iraks und der Levante lebt. Die Muslime müssen die weitere Existenz dieser Minderheit infrage stellen, sie werden sich vor dem Jüngsten Gericht verantworten müssen.«

Der Autor fährt fort, wobei er die philippinischen Vorläufer der Gruppe Abu Sayyaf und die Nigerianer der Terrorgruppe Boko Haram würdigt, die im April 2014 in Chibok 274 Schülerinnen entführt haben.

»Es handelt sich wahrscheinlich um die erste groß angelegte Versklavung heidnischer Familien, seit das Gesetz der Scharia aufgegeben wurde. Der einzige weitere bekannte Fall – wenn auch in sehr viel kleinerem Ausmaß – ist die Versklavung christlicher Frauen und Kinder auf den Philippinen und in Nigeria durch die örtlichen Mudschahedin. Die versklavten jesidischen Familien werden nun von den Soldaten des IS verkauft, so wie früher die heidnischen Familien von Mohammed und seinen Anhängern verkauft wurden. Die gefangen genommenen jesidischen Frauen und Kinder wurden gemäß der Scharia unter den Kämpfern des IS aufgeteilt, die an den Operationen im Sindschar-Gebirge teilgenommen haben, nachdem ein Fünftel der Sklaven an die Behörden des IS als *khums* abgegeben wurde (historische islamische Pflicht der Armee, den Behörden eine Steuer in Höhe eines Fünftels der Kriegsbeute zu bezahlen, die den Ungläubigen bei einer militärischen Kampagne weggenommen wurde).«

Muslime, die mit diesen Praktiken nicht einverstanden sind, werden beschuldigt, schlechte Gläubige zu sein: »Bevor Satan Zweifel in diejenigen sät, die einen schwachen Geist und ein schwaches Herz haben, muss daran erinnert werden, dass die Versklavung von Familien der *kuffar* (Ungläubigen) und die Gefangennahme ihrer Frauen als Konkubinen fest verankerte Elemente der Scharia sind; wer dies leugnet oder ignoriert, leugnet oder ignoriert die Verse des Koran und die Erzählungen über den Propheten.«

Schließlich stützt sich *Dabiq* auf »moralische« Argumente wie den Kampf gegen den Ehebruch, um die Sklaverei zu rechtfertigen, die gutgeheißen wird, da sie vor Sünde schützt:

»Mehrere zeitgenössische Gelehrte haben erwähnt, dass die Aufgabe der Sklaverei zu einer Zunahme des *fahishah* (Ehebruchs) geführt hat, da es unter Einhaltung der Scharia keine Alternative zu einer Heirat gab. Dies hat sich ebenfalls aus dem Aussetzen des Dschihad ergeben.«

Somit stellt der »Islamische Staat«, sozusagen institutionell, die sexuelle Gewalt gegenüber Frauen ins Zentrum seiner Ideologie.

Zu der vollumfänglichen Forderung dieser Verbrechen kommt noch der Vorsatz hinzu. »Videos mit Drohungen gegen die Jesiden waren vor Beginn der Säuberungsaktion von Mitgliedern des IS ins Internet gestellt worden. Sie kündigten darin kalt an, was geschehen würde«, bemerkt Falah Hassan, Leiter des Ermittlungsbüros in Dohuk.

Der kurdische Polizist zweifelt allerdings an der Echtheit einiger Fotos, die im Netz kursieren und Frauen in der Burka zeigen, die auf öffentlichen Plätzen in Mossul gefesselt verkauft werden.

»In Bezug auf diese nicht authentifizierten Unterlagen bin ich skeptisch. Der IS hätte natürlich einen Basar unter freiem Himmel für alle Verbraucher abhalten können, aber das wäre nicht in seinem Interesse gewesen. Für diese terroristische Organisation ist der Handel mit Frauen beinah ein Geschäft wie jedes andere, mit dem einzigen Unterschied, dass die Sklavinnen Belohnungen sind, die überwiegend den Mitgliedern des IS vorbehalten sind.«

In diesem System zählen die IS-Rekruten aus dem Westen zu den Begünstigten dieses Handels, aber ihre Verwicklung in die Vergewaltigungen lässt sich schwer ermitteln. »Die gefangenen Frauen erkennen Ausländer an ihrem Äußeren oder ihrem Akzent, aber nur selten kennen sie die Nationalität ihrer Angreifer. Und viele der Kämpfer stammen aus der Region. Ihre Komplizen sind manchmal Nachbarn. Wie so oft im Krieg werden die Masken nach den Feindseligkeiten fallen«, erklärt Falah Hassan. »Wir haben Tschetschenen, Türken, Männer aus dem Westen, aber Europäer wurden nicht offiziell identifiziert«, ergänzt Mustafa Ayman, der Ermittlungsrichter der in Erbil eingerichteten Kommission für die Aufklärung von Verbrechen gegen die Jesiden.

Einem Bericht des französischen Senats vom März 2015 zufolge sollen sich 1500 Franzosen dem IS angeschlossen haben, davon sollen 294 Männer in den Kampfzonen aktiv sein. Kurz zuvor schätzte die amerikanische Administration die Anzahl ausländischer Kämpfer in den Reihen des IS auf 20 000 – nach einem UN-Bericht vom April 2015 sind es sogar 22 000. Sie stammen aus 90 Ländern, was verglichen mit anderen großen Konflikten, bei denen Ausländer mitgemischt haben (Afghanistan und Pakistan, Irak, Jemen oder Somalia), einmalig ist. Die Kampftruppen aus europäischen Rekruten bestehen demnach aus 600 Briten, 600 Deutschen, 450 Belgiern, 250 Niederländern, 100 Spaniern, 200 Schweden, 150 Österreichern, 80 Italienern, 70 Finnen, 30 Iren ... und etwa 150 Amerikanern aus den USA und 30 Kanadiern.

Diese Zahlen muss man mit anderen, von den Vereinten Nationen gelieferten Zahlen vergleichen. Laut der UNO wurden zwischen 3000 und 5000 jesidische Frauen versklavt.

Im Irak soll es insgesamt etwa 500 000 Jesiden geben, die in der Autonomen Region Kurdistan oder in der Region des Sindschar-Gebirges in Gebieten leben, um die sich die irakische Zentralmacht und die Regierung der Autonomen Region Kurdistan streiten. Mehrere Hunderttausende von ihnen – nach Angaben der Vereinten Nationen 200 000 – sind heute »Vertriebene«.

Für die Jesiden wiederholt sich die Geschichte. Die Gemeinschaft hat in der Vergangenheit zahlreiche Phasen der Unterdrückung erlebt. Im 19. Jahrhundert führten Massaker, die von den Paschas des Osmanischen Reichs begangen wurden, zu Migrationen in den Kaukasus, wo Nachfahren der Exil-Jesiden in Armenien, Georgien und Russland Gemeinschaften bildeten. Während des Völkermords an den Armeniern von 1915 flüchteten Zehntausende Christen in das Sindschar-Gebirge. Die Jesiden weigerten sich, sie den Türken auszuliefern. Im Februar 1918 schlossen sich die jesidischen Kämpfer, die nach harten Gefechten von der Armee des Osmanischen Reiches besiegt worden waren, den überlebenden Armeniern im Gebirge an, bevor sie gemeinsam von den Briten gerettet wurden.

Als Außenseiter unter den Außenseitern haben sich die Jesiden im Lauf der Jahrhunderte vom Rest der Welt abgeschottet, um sich vor religiöser Intoleranz zu schützen. Sie glauben an die Seelenwanderung, jeglichen Bekehrungseifer lehnen sie ab. Durch die Pogrome haben sie die Kunst des Ausweichens und der Verstellung gelernt. Die Geheimnisse ihrer Geschichte und ihres Glaubens bleiben daher diffus. Die Erklärung ihrer Riten und ihres Ursprungs gibt widersprüchlichen Interpretationen Raum. Die Jesiden essen beispielsweise keinen Blattsalat, weil Satan darin wohnt, aber zur Entstehung dieser Überzeugung gibt es je nach Gesprächspartner unterschiedliche Angaben. Zum Beten wenden sie sich der Sonne zu, aber sie beten dieses Gestirn nicht an und räumen im Übrigen dem Gebet keine entscheidende Bedeutung ein.

Das Jesidentum, eine monotheistische Religion, reicht in Urzeiten zurück. Sie hat sich aus dem Mazdaismus entwickelt, der vor 4000 Jahren im alten Iran aus dem Mithras-Kult entstanden ist, der sich bis Rom verbreitete, sowie aus dem Zoroastrismus, der von Zarathrusta gelehrt wurde. Im 12. Jahrhundert reformierte der Sufi-Mystiker Sheikh Adi diesen Synkretismus und passte ihn einem muslimisch-christlichen Umfeld an. Melek Taus, der Engel Pfau, ist darin die Hauptfigur. Er ist der am höchsten verehrte von sieben Engeln. Zwei heilige Bücher, das Buch der Offenbarungen und das Schwarze Buch, beschreiben die Entstehung des Universums und der Engel sowie die Beziehungen zwischen Melek Taus und seinen Anhängern. Diese geheim gehaltenen Dokumente wurden erst spät bekannt. »Erst in den 1930er-Jahren bekamen kurdische Gelehrte Zugriff auf arabische Versionen dieser Werke, und Auszüge daraus kamen in Frankreich in Umlauf«, erklärt Kendal Nezan, Direktor des Kurdischen Instituts in Paris.

Pater Najeeb Michaeel, Geistlicher des Dominikanerordens in Mossul, der seine Ausbildung an französischen Universitäten erhielt, hat sich mit diesen Texten beschäftigt. Er schreibt eine Doktorarbeit an der Schweizer Universität Fribourg zum Thema »Vergleichende Studie der heiligen Schriften der Jesiden und des Alten Testaments«, eine Forschungsarbeit, die er unterbrochen hat, um sich der Unterstützung seiner Glaubensbrüder zu widmen, die sich in die Autonome Region Kurdistan geflüchtet haben. Nach Pater Najeebs Auffassung »praktizieren die Jesiden eine Religion des Herzens, nicht der Schrift. Ihr Glaube wird von Generation zu Generation mündlich überliefert.« Der Geistliche möchte durch seine Arbeit mit alten Klischees aufräumen: »Ich möchte beweisen, dass sie Gott anbeten und den Teufel respektieren. Sie sind auf der Hut vor Satan und halten ihn auf Abstand, indem sie ihn respektieren«, sagt er.

Die Jesiden sollen angeblich Sympathie für den Teufel haben. Während die Muslime den Namen Satans ständig verfluchen, lehnen es die Jesiden aber ab, ihn auszusprechen. Für sie hat Gott keinen direkten Widersacher. Dafür ist das Böse in den Herzen der Menschen vorhanden, und es ist deren Aufgabe, nach dem Beispiel Melek Taus', die richtige Wahl zu treffen. Nachdem Gott ihm die Freiheit gelassen hatte, das Gute oder Schlechte zu wählen, entschied er sich für das Gute. »Die Jesiden verteufeln den Teufel nicht. Daher werden sie verteufelt«, fasst es Kendal Nezan in einer hübschen Formulierung zusammen. »Die Jesiden sind von einem Widerspruch der monotheistischen Religionen ausgegangen: Wie kann Gott, der unendlich barmherzig und gnädig ist,

Satan, seinen Lieblingsengel, in alle Ewigkeit fallen lassen, weil dieser ein einziges Mal ungehorsam war?«

Dieser Religionsansatz hat den Westen immer irritiert.

In Frankreich hatte der Assyriologe Joachim Menant ihnen ein Buch gewidmet, das 1892 unter dem Titel *Les Yézidis. Épisodes de l'histoire des Adorateurs du Diable (Die Jesiden. Episoden aus der Geschichte der Teufelsanbeter)* erschienen ist und kürzlich neu herausgegeben wurde. Der Orientalist kann sich für ihren Glauben nicht so recht begeistern: »Ihr Kult beschränkt sich auf bizarre Zeremonien, deren Schlichtheit das ganze Geheimnis ausmacht und der Fantasie derer, die es ergründen wollen, jede Freiheit lässt, zu erklären, was sie in der Tiefe verbergen, während sie tatsächlich überhaupt nichts verbergen.« Er schätzt wenigstens die »Aufrichtigkeit« dieser Menschen und beklagte bereits damals die Gewalt, der sie ausgesetzt sind: »Die Jesiden leben in gutem Einvernehmen mit den Anhängern aller Religionen inmitten dieser fanatischen Bevölkerungen, die für abtrünnige Sekten anfangs nur Schmähungen, dann Verfolgung und als letztes Mittel Krieg und Massaker übrig haben.«

Die Autorin Agatha Christie, die sich für Archäologie begeisterte, kam in den 1930er-Jahren mit ihrem Mann, dem britischen Archäologen Max Mallowan, bei den vorislamischen Ausgrabungsstätten mit den Jesiden in Berührung. Sie lobt deren Freundlichkeit und widmet ihnen mehrere Seiten in *Erinnerung an glückliche Tage.*

»Es sind neugierige und außerordentlich sanfte Menschen, ihr Satanskult fällt vor allem in den Bereich der Sühne. Im Übrigen glauben sie, dass Gott persönlich diese Welt unter die Kontrolle des Teufels gestellt hat und dass auf das satanische Zeitalter das christliche Zeitalter folgen wird. Sie anerkennen Jesus als Propheten, meinen jedoch, dass seine Glanzzeit noch nicht gekommen ist. Der Name Satans oder all dessen, was mit ihm verbunden ist, darf niemals ausgesprochen werden.«

Reisende, die sich weniger Zeit genommen haben, haben hingegen den Mythos des Dämonenkults wach gehalten, wie er durch übelmeinende Nachbarn weitererzählt wurde. Spuren dieser Vorstellungswelt findet man in der Fantasy-Literatur des amerikanischen Schriftstellers Howard Phillips Lovecraft und in dem Film *Der Exorzist* von William Friedkin, der 1973 in die Kinos kam – ein Kultfilm, der mit Sequenzen beginnt, die in der Stadt Sindschar und den archäologischen Stätten von Hatra in der Nähe des antiken Ninive gedreht wurden, die im März 2015 vom IS geplündert und zerstört wurden. Pater Lankester Merrin, gespielt von Max von Sydow, entdeckt im Land der Jesiden eine seltsame geflügelte kleine Statue mit unheilbringenden Kräften, den assyrischen Dämon Pazuzu, der vom Körper einer amerikanischen Jugendlichen Besitz ergreift …

Die tief in der Mentalität der Region verankerten Vorurteile, die über die Jesiden im Umlauf sind, schlugen in Hass um, was das Wiederaufleben des muslimischen Fundamentalismus begünstigt hat. Die islamistischen Säuberer berufen sich auf Gott, um die »Teufelsanbeter« zu vernichten. Der Ursprung ihres Hasses liegt lange zurück. Als Jinan auf einer irakischen Straße gefangen genommen wurde, äußerte ein Dschihadist: »Wir suchen euch seit Hunderten von Jahren, und da seid ihr endlich!«

Die Jesiden, die von ihrem Grund und Boden vertrieben worden sind, haben ihre Berge dank der Bombardierungen durch die Luftwaffe der Koalition und das Engagement der kurdischen Aufrührer wiedererlangt, aber der Kampf gegen den IS ist noch nicht gewonnen. Der IS ist kein Strohfeuer, sondern ein Flächenbrand, der in der Region vom Euphrat bis zum Tigris wütet. Selbst eine Rückkehr zum Frieden würde nicht unbedingt ein Ende der Qualen der ehemaligen Sklavinnen des IS bedeuten.

»Wir haben einige wenige Fälle, in denen sich junge Mädchen nach ihrer Befreiung das Leben genommen haben, weil sie vergewaltigt worden sind. Als sexuell ausbeutbar gelten Mädchen ab dem Alter von zehn Jahren. 90 Prozent der jungen Mädchen haben sexuelle Gewalt erfahren. Einigen von ihnen, die dadurch schwanger geworden sind, nimmt man sich in den Krankenhäusern diskret an«, berichtet Gulistan Rachid, die Psychologin der Ermittlungskommission.

Die gedemütigten »Rückkehrerinnen«, die voller Scham sind, müssen das Misstrauen einer Gesellschaft überwinden, in der eine Vergewaltigung als unauslöschlicher Makel gilt. »Es wird sicher ein soziales Problem mit den Frauen geben, die Opfer des IS wurden, die vergewaltigt wurden und nach Hause zurückkehren, einige in ihre Familie, andere aber auch in ihre Nachbarschaft«, schätzt Kendal Nezan, der Direktor des Kurdischen Instituts in Paris. »Man wird sie als befleckt ansehen, daher ist es wichtig, sie aus den Flüchtlingslagern zu holen, damit sie in Europa ein neues Leben beginnen können. Baden-Württemberg hat ein entsprechendes Programm eingerichtet, und die Schweden könnten diesem Ansatz folgen.« Diese Initiativen sind umso unverzichtbarer, als die Dienststellen der UNO und die regionalen Behörden nicht in der Lage sind, vor Ort die Behandlungen und die psychische und soziale Betreuung zu leisten, die diese ehemaligen Gefangenen brauchen. Die Resilienz der »Rückkehrerinnen« und ihre Fähigkeit, sich ein neues Leben aufzubauen, wären jedoch ebenfalls wichtige Siege über die Dschihadisten.

T. O.

Auch als **E-Book** erhältlich

208 Seiten
16,99 € (D) | 17,50 € (A)
ISBN 978-3-86882-564-0

Jens Hoffmann
Menschen entschlüsseln
Ein Kriminalpsychologe
erklärt, wie man spezielle
Analyse- und Profiling-
techniken im Alltag nutzt

Wie gut kennen Sie Ihre Freunde und Kollegen? Ist der Mensch, mit dem Sie das Büro teilen, ein Fremder für Sie? Es ist gar nicht so leicht, andere Menschen richtig einzuschätzen. Denn viele der 15 bekannten Persönlichkeitsstile sind nicht gleich auf den ersten Blick zu erkennen, manche, wie der Narzissmus, fallen dagegen schnell auf. Aber was tut man, wenn der eigene Chef ein Narzisst ist? Oder sich der neue Flirt als hartnäckiger Querulant entpuppt? Dr. Jens Hoffmann ist Kriminalpsychologe und Experte für Profiling. In seinem Buch zeigt er die besten Tipps im Umgang mit Boss-Typen, Psychopathen, Narzissten, dramatischen Persönlichkeiten und anderen. Umrahmt von vielen Fallbeispielen aus seinem Berufsleben hat Dr. Jens Hoffmann sein Wissen so aufbereitet, dass jeder im Alltag davon profitiert und die Zeit der Täuschungen ein für alle Mal vorbei ist.

Der
Sympathie
Schalter

Ein FBI-Agent enthüllt, wie
man Menschen für sich gewinnt

Auch als **E-Book** erhältlich

mvgverlag

Jack Schafer
mit Marvin Karlins

320 Seiten
16,99 € (D) | 17,50 € (A)
ISBN 978-3-86882-588-6

Jack Schafer, Marvin Kalins

Der Sympathie-Schalter

Ein FBI-Agent enthüllt,
wie man Menschen für
sich gewinnt

FBI Special Agent Jack Schafer weiß aus jahrzehntelanger Geheimdienstarbeit in der Terror- und Spionageabwehr wie kein anderer, wie man Menschen liest, beeinflusst und für sich gewinnt. Dabei ist über die Jahre seine Überzeugung gereift: Jeder kann lernen, andere für sich einzunehmen, jeder kann den Sympathie-Schalter bei seinem Gegenüber umlegen.

Wie mache ich einen guten ersten Eindruck, wie baue ich eine dauerhafte Beziehung auf, wie finde ich heraus, was andere wirklich über mich denken? *Der Sympathie-Schalter* gibt Antworten auf diese Fragen. Mit Jack Schafers Techniken schafft es jeder, gemocht zu werden – ob für einen Moment oder ein Leben lang.

DIE KUNST DES
MENTALEN
TRAININGS

Ein US-Agent und
Marineflieger
erklärt, wie man
seine geistigen
Fähigkeiten
verbessert

Auch als **E-Book** erhältlich

mvgverlag ✎   **D.C. GONZALEZ**

160 Seiten
9,99 € (D) | 10,30 € (A)
ISBN 978-3-86882-563-3

Dan Gonzalez
Die Kunst des mentalen Trainings
Ein US-Agent und Marineflieger erklärt, wie man seine geistigen Fähigkeiten verbessert

In diesem kompakten Trainingshandbuch lehrt der Autor effektive Techniken des mentalen Trainings, die zu Höchstleistungen motivieren. Eine Grundannahme dabei ist, dass innere Vorgänge und die innere Wahrnehmung des Menschen in Einklang gebracht werden müssen. Störungen in diesem Bereich führen zu ineffektivem Verhalten. Sind sie lokalisiert, können sie mit speziellen Techniken bearbeitet werden. Der Autor hilft darüber hinaus Ziele zu definieren, um diese dann erfolgreich umzusetzen.

Dabei werden nicht nur die Grundlagen des Mentaltrainings gelehrt, sondern auch die weiterführenden Strategien, die jedermann helfen, seine ganz persönliche Leistung um ein Vielfaches zu erhöhen.

13278239R00125

Printed in Poland
by Amazon Fulfillment
Poland Sp. z o.o., Wrocław